Ulrike Roos von Rosen

Singen

Diana Damrau, Anja Harteros, Jonas Kaufmann
und viele andere geben Auskunft

Mit Fotos von Wilfried Hösl
und Illustrationen von
Christopher Roos von Rosen

Mit Beiträgen von Hanna Herfurtner,
Rudolf Herfurtner und Tristan Braun

Ulrike Roos von Rosen

Nach dem Studium der Germanistik, Romanistik und Kunstgeschichte in Bonn, Zürich und München führte der Auslandsschuldienst Ulrike Roos von Rosen nach Lyon und nach Mailand. In München arbeitete sie im Projekt ‚GanzOhrSein' mit der Ludwig-Maximilians-Universität, dem Bayerischen Rundfunk sowie dem Hessischen Rundfunk zusammen. Zuhörförderung bildet neben der Literaturvermittlung einen wesentlichen Schwerpunkt ihrer Arbeit. Sie leitet den Verein Bayern liest e.V. in München.

Christopher Roos von Rosen

Nach dem Studium in München arbeitet der Grafiker Christopher Roos von Rosen aktuell als freier Art-Direktor beim Bayerischen Rundfunk und selbständig in der eigenen Agentur.

4	Singen
16	Ist jeder ein geborener Sänger?
24	Wie funktionieren Sprechen und Singen?

Das Leben der Sänger

42	Früh übt sich?
56	Studium
60	Wie gewinnt man Bühnenerfahrung?
72	Solist oder Chorsänger?
82	Solistendasein an der Oper

Im Dienste des Gesangs

124	Gibt es auch leise Töne im Opernbetrieb?
132	Opernkostüme: Kunstwerk oder Berufskleidung?
154	Das Bildnis der Sänger
172	Entdecker, Förderer, Beschützer, Netzwerker
184	Gespitze Ohren, gespitzte Feder: Wie arbeiten Musikkritiker?
190	Musik im Kopf? Das Singen in der Hirnforschung
196	Singorte
208	Wer, wie, was, wo, wann? Das Archiv der Salzburger Festspiele
218	Gesang hilft!
222	Bildnachweis, Danksagungen, Impressum

Singen

Gedanken von *Rudolf Herfurtner*:
Jeder, der sich hinstellt und singt, spürt, wie lebendig er ist und wie aus seinem Atem eine Welt entsteht, die die Zuhörer glücklich und traurig machen, ja vielleicht sogar auf den Flügeln des Gesanges davontragen kann.
Der Dichter Heinrich Heine jedenfalls wusste das, als er sein Lied schrieb. Auf Flügeln des Gesanges wollte er sein Liebchen ins Paradies davontragen, in einen rotglühenden Garten voller Lotosblumen, Palmen und kichernden Veilchen. Ein Traum zwar, aber doch ein sehr schöner:

Auf Flügeln des Gesanges,
Herzliebchen, trag ich dich fort,
Fort nach den Fluren des Ganges,
Dort weiß ich den schönsten Ort.

Offenbar wohnt dem Singen eine besondere Kraft inne. Aber welche? Woher kommt sie? Auf wen wirkt sie?

Fragen über Fragen!

Ist jeder ein geborener Sänger?

Wir kommen nicht singend, sondern schreiend auf die Welt. Es ist die hohe Singstimme, die den ersten Schrei produziert.
Sie besitzt bei manchen Neugeborenen schon eine ungewöhnlich große Durchschlagskraft. Wie die Sängerin *Julia Lezhneva* erzählt, haben die Ärzte sie bei ihrem ersten Schrei vor Schrecken fast fallen gelassen.

Ist der erste Schrei mehr als ein Reflex?

Alle Sinne des Neugeborenen müssen nach der Wärme und der Dunkelheit im Bauch der Mutter plötzlich eine völlig neue Umgebung wahrnehmen: Sie ist hell, laut, kühl, und statt des Fruchtwassers kommt die Luft an die Haut des Neugeborenen.
Der erste Schrei ist eine Reaktion auf den Schrecken: Die Kinder atmen deshalb ein, die Lungenflügel entfalten sich, Luft strömt und lässt mit Hilfe der Stimmlippen, üblicherweise ‚Stimmbänder' genannt, Töne zu. Nur das Atmen selbst ist ein Reflex.
Dass dabei schon Stimme eingesetzt wird, geschieht bei gesunden Säuglingen: Sie äußern damit ihren Unmut. So beginnt die Entdeckung der Ausdrucksmöglichkeiten und das Abenteuer der Kommunikation mit der Stimme.

Bereitet Schreien und ‚Tönen' auch Genuss?

Babys melden sich auch zu Wort, nur um die eigene Stimme zu hören und die eigene Ausdruckskraft zu spüren. Frischgebackene Eltern werden daher mit ihrem Neugeborenen von Kliniken mit dem Rat entlassen, genau zuzuhören:
Jammert ihr Kind, weil es Hunger oder Bauchweh hat, oder erprobt es seine Stimme? Hohe Töne sind in der Regel Unmutsäußerungen, tiefere teilen das Wohlbefinden mit. Beim ‚Stillen' endet, wie es das Wort sagt, das Schreien.
Es wird dann häufig durch Gluckslaute abgelöst, die sich beim Schlucken leicht formen lassen.

Gehören Stimme und Körperausdruck zusammen?

Fühlt sich das Baby wohl, strampelt es mit offener Körperhaltung und wirft dabei oft auch die Arme in die Luft. Schreit es, weil es ihm nicht gut geht, dann verkrampft sich der Körper.
Der emotionale Stimmausdruck korrespondiert von Anfang an mit dem Körperausdruck.

Können Babys mit Atem und Stimme spielen?

Ja! Im Alter von wenigen Monaten japst das Baby plötzlich zum großen Erschrecken seiner Eltern! Keine Angst: Es erstickt nicht, sondern hat entdeckt, dass es bewusst einatmen kann.
Das Baby kann mit seiner Stimme bald eine Vielzahl von Tönen produzieren: Es schreit, blubbert, kiekst, quietscht, plärrt, gluckst ... und entdeckt und übt so seine angeborene Stimme, genauer: die Singstimme, denn sie umfasst alle Töne.
Manche dieser Versuche werden ins Sprechen, andere ins Singen münden.
Auf jeden Fall ist die Singstimme die ‚größte' Stimme, die die Sprech- und Rufstimme einschließt.

Ist jeder auch ein geborener Zuhörer?

Offenbar, denn Säuglinge wenden ihre ganze staunende und freudige Aufmerksamkeit demjenigen zu, der mit ihnen spricht, singt oder ein Instrument spielt. Dabei verstummen sie zunächst selbst, wenn sie gerade geschrien oder mit der eigenen Stimme gespielt haben, drehen den Kopf bald gezielt in die Richtung der Schallquelle und fixieren ihren Partner genau mit den Augen.

Singen vor und während der Geburt – macht das Sinn?

Es lohnt sich, schon in der Schwangerschaft und selbst bei der Geburt zu singen.
Das Singen schafft eine optimale Sauerstoffversorgung für Mutter und Kind. Das Singen entspannt beide und massiert das Ungeborene durch die rhythmischen Bewegungen – und es lauscht den Tönen schon lange vor der Geburt. Die Welt, in die es dann später eintritt, ist vertrauter, wenn es Töne wiedererkennt.

Erinnern wir uns an Klänge, die wir vor der Geburt gehört haben ...

... und sogar an ganze Musikstücke?

Nach *Lutz Jäncke*, Neuropsychologe an der Universität Zürich, ist das sehr gut möglich, weil der Teil des Gehirns, der für Höreindrücke zuständig ist, schon mehrere Monate vor der Geburt funktioniert: „Wahrscheinlich kann das ungeborene Kind bereits im 6. bis 9. vorgeburtlichen Monat auf Klänge und Geräusche reagieren." Es strampelt so, dass sich die Bauchdecke der Mutter deutlich bewegt.
Einige Wochen vor der Geburt ihres Sohnes besuchte eine Mutter die Aufführung der Oper ‚Parsifal' von Richard Wagner. Sie bemerkte plötzlich ungewöhnlich kräftige Bewegung des Kindes. Als der Junge später im Alter von etwa neun Jahren mit den Eltern auf einer Urlaubsreise eine nicht besonders gute Aufführung der gleichen Oper erlebte, war er wie elektrisiert und bat sie, ganz mucksmäuschenstill zu sitzen: Offenbar hatte er die Melodien wiedererkannt und war von dem Erlebnis sehr berührt.
Er ist weiterhin bei seiner ausgeprägten Neigung zu Wagner-Opern geblieben. Das hängt möglicherweise mit dem frühen Hörerlebnis zusammen.

Warum hören Säuglinge einem Sänger aufmerksamer zu als einem Sprecher?

Mehrere Gründe kommen in Betracht: Die Singstimme umfasst mehr Töne als die Sprechstimme, d.h., der Stimmumfang ist größer. Babys bevorzugen schon im Alter von vier Monaten bestimmte Klangfolgen, nämlich sogenannte konsonante Klänge. Wie wird das untersucht? Man weiß Folgendes: Was Babys gern mögen, schauen sie intensiv an, in diesem Fall die Klangquelle. Was sie nicht mögen, würdigen sie keines Blickes und strampeln unwillig. Melodien weisen zudem häufig Wiederholungen auf. Lieder, aber auch Reime erfüllen den grundsätzlichen ‚Wunsch' nach dem Wiedererkennen von Strukturen. Deshalb werden gesungene Verse besser behalten als gesprochene. Und was Säuglinge häufig hören, bleibt in ihrem Netzwerk des Gehirns gespeichert. Es wird nach und nach sogar sortiert. Dabei ist eine leichte Abwechslung etwas, was vielen Hörern von Musik oder Gedichten besonderes Vergnügen bereitet. Nicht der gleiche, ‚identische' Reim gefällt, sondern derjenige, der geringfügig variiert. ‚Haus' und ‚Maus' reimen sich für unser Ohr gefälliger und sind spannender, als wenn in zwei Versen zwei Mal die ‚Maus' auftauchen würde.

Warum sprechen Erwachsene mit Babys in der Babysprache?

Meistens machen sich Außenstehende ein bisschen lustig über die Personen, die mit einem Baby sehr hoch und zwitschernd sprechen. Aber sie machen es genau richtig:
Das Baby produziert ja selbst sehr hohe Töne, weil die Stimmbänder noch sehr kurz sind. So wird der Stimmenaustausch ein Dialog auf gleicher Tonhöhe.

Welchen Einfluss hat die Muttersprache vor der Geburt und im ersten Lebensjahr?

Die mütterliche Stimme ist besonders nah. Sowohl der Körper der Mutter als auch der des Ungeborenen klingen mit jeder Faser mit, wenn sie spricht oder singt.

Wie wird der Klang vor der Geburt wahrgenommen?

Was wir mit dem bereits im vierten Monat angelegten Ohr gehört haben könnten, simuliert ein kleiner Raum im Haus der Musik in Wien. Er ist wie eine Höhle gestaltet mit gedämpftem Licht, in dem Herztöne erklingen wie im Mutterleib. Allerdings ist es hier und heute nur unser Ohr, das die Töne über die Schwingungen in der Luft wahrnimmt.
Vor der Geburt umgab den ganzen Körper Wasser. Wasser leitet Klänge weitaus besser als Luft.
Die Töne werden daher in diesem Raum verstärkt, damit sie denen möglichst ähnlich werden, die wir einmal gehört haben.

Schreien französische Babys anders als deutsche?

Auch das hängt wohl mit unserem Lernen schon vor der Geburt zusammen: Durch die Muttersprache ist uns ein bestimmter Klangraum, ein sogenanntes Klangspektrum, vertraut.

Haben Säuglinge besonders feine und offene Ohren, auch für mehrere Sprachen?

Bis zum 8. Lebensmonat hat jeder Säugling eine ganz besondere Fähigkeit. Er kann, wenn er mit zwei oder mehreren Sprachen aufwächst, diese unterscheiden und auch noch eine Kunstsprache wiedererkennen. In einem Experiment mit 24 Kindern, deren Eltern unterschiedliche Sprachen sprechen, haben Forscher herausgefunden, dass Kinder dabei auf die Häufigkeit der Wörter achten sowie auf die Höhe und Länge, mit denen sie ausgesprochen werden. Auch die Satzmelodie spielt eine Rolle.
Später ist eine solche Offenheit der Ohren in diesem Maße nicht mehr gegeben.

Hängen Sprache und Musik eines Landes zusammen?

Ja! Es gibt Forschungsergebnisse, die bestätigen, dass es eine typisch französisch klingende Musik oder typisch englisch klingende Musik gibt, die unterschiedliche Muster aus der Sprache wiederspiegeln. Der Dirigent *Nikolaus Harnoncourt* weist am Beispiel von Schubert sogar den Einfluss des Dialekts nach: Schuberts Kompositionen bauen deutlich auf dem Wienerischen auf.

Warum sind Babystimmen so hoch und hell?

Babys können mit ihrer kraftvollen, durchdringenden Stimme nicht nur ihre Eltern, sondern auch die ganze Nachbarschaft wecken.
Das ist auch sinnvoll, denn Säuglinge sind nicht in der Lage, ohne Hilfe von anderen Menschen zu überleben: Sie müssen sie rufen können! Wie schaffen sie es aber, ihre Stimmen so hell und laut erklingen zu lassen?

Liegt es an den Stimmbändern?

Ja! Sie sind beim Säugling vergleichsweise kurz und messen nur 3 mm. Später bei Erwachsenen werden sie bei Männern 15 bis 20 mm und bei Frauen 9 bis 13 mm lang. Kurze Stimmbänder können sehr hohe Töne erzeugen – ähnlich, wie etwa die kurzen Saiten einer Harfe höher klingen als die langen Saiten. Das erklärt, warum eine Babystimme so hoch klingt.

Säugling:	▬	3 mm
Frau:	◆	9 - 13 mm
Mann:	◆	15 - 20 mm

Dieses Kind kann nicht singen!
Catriona Smith

Alle Kinder lernen in der Regel sprechen. Da Sprechen grundsätzlich genauso wie Singen funktioniert, müsste jedes Kind auch singen können.
Wieso traut man es vielen dennoch nicht zu?

Ein Beispiel:
Catriona Smith, Kammersängerin an der Stuttgarter Oper, ist in Schottland aufgewachsen.
Als sie eingeschult wurde, gab es eine Singklasse, für die die Mutter sie anmeldete. Beim Vorsingen entschied die Lehrerin: „Dieses Kind kann nicht singen!" und schickte *Catriona* heim. Aber sie hatte nicht mit deren Mutter gerechnet!
Sie eilte in die Schule: „Jedes Kind kann singen! Und meine Tochter also auch!" *Catriona Smith* wurde aufgenommen. So begann ihre Ausbildung und Karriere, die sie zuletzt als Kammersängerin an die Staatsoper nach Stuttgart führte. Als Fee verzauberte sie dort etwa in ‚Pinocchios Abenteuer' die Kinder auf der Bühne und im Zuschauerraum.

Catriona Smith als Blaue Fee in Jonathan Dove: ‚Pinocchios Abenteuer', Stuttgart 2010

Wie funktionieren Sprechen und Singen?

Grundsätzlich funktionieren Singen und Sprechen gleich. Bei beidem spielen vor allem Stimmbänder bzw. Stimmlippen, Atem und Klangräume zusammen. Außerdem haben die Ohren eine wichtige Funktion, denn sie kontrollieren jeden unserer Töne.

Stimmbänder oder Stimmlippen? Welcher Begriff trifft besser zu?

Beim Sprechen kommen genauso wie beim Singen oder Seufzen die zwei Stimmbänder oder Stimmlippen zusammen, die geschützt im Kehlkopf liegen. Sie haben viele Bestandteile:

- Jede Stimmlippe hat eine sehr dünne Schleimhaut, die sie bedeckt.
- Darunter liegt das Bindegewebe aus vielen Zellen, die aber keine Muskelzellen sind.
- Erst unter diesem Bindegewebe befindet sich das Ligament, das eigentliche Stimmband.
- Der Stimmmuskel liegt noch darunter. Wenn man diesen Muskel sehr stark trainiert, dann kann er, so wie etwa Armmuskeln beim Bodybuilding, dicker werden.

Das Stimmband ist also nur ein Teil der Stimmlippen. Beim Sprechen oder Singen arbeiten aber die Stimmlippen insgesamt. Deswegen ist in diesem Zusammenhang der Ausdruck ‚Stimmlippen' zutreffender als ‚Stimmbänder'.

Wie funktionieren die Stimmlippen?

Wenn wir einatmen, öffnen sich die beiden Stimmlippen. Wenn wir ohne Ton ausatmen, bleiben sie geöffnet.

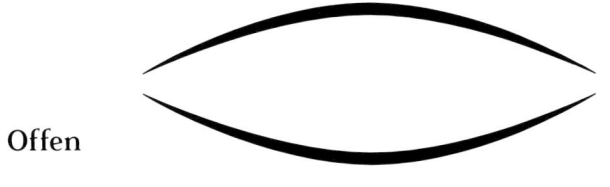

Offen

Zum Sprechen oder Singen werden die Stimmlippen zusammengeführt und in Schwingungen versetzt. Das ist keine aktive Bewegung, sondern ein passives Vibrieren.

Geschlossen

Muskeln könnten eine so schnelle Bewegung nicht leisten. Der Mediziner *Peter Hulin* demonstriert die Arbeit der Stimmlippen mit zwei Briefbögen und erklärt: „Stimmlippen schwingen wie zwei Blätter Papier. Wenn sie mit den Flächen zusammengeführt werden und ich blase dazwischen, dann flattern sie, d.h., sie bewegen sich ganz rasch auseinander und wieder zusammen.
So etwas Ähnliches passiert auch bei uns im Kehlkopf, wenn die Stimmlippen vibrieren:
Schwingen sie in langsamen Wellen, so ergeben sich tiefe Töne, schwingen sie schneller, weil sie gespannt sind, so ergeben sich hohe Töne."

Kann man der Arbeit der Stimmlippen zuschauen?

Justus Treeger ist schon als kleines Kind durch seine schöne Stimme aufgefallen. Seit mehreren Jahren erhält er Gesangs- und Geigenunterricht und singt zwei Mal in der Woche im Tölzer Knabenchor. Er hat zusammen mit der Singgruppe den Spezialisten *Dr. Peter Hulin* besucht. Der Facharzt betreut viele Opernsänger, insbesondere dann, wenn sie Probleme mit ihrer Stimme haben und sich fragen, ob sie singen können oder eventuell einen Auftritt absagen müssen. Er ist also eine Art Notarzt für die Opernstars. In seinem Behandlungszimmer steht ein Klavier!
Wieso? Viele Sänger können ihre Stimmprobleme leichter verdeutlichen, wenn sie dazu entsprechende Töne am Klavier anschlagen.
In der Praxis von *Dr. Hulin* steht zudem ein Com-

Spitzentöne: Golda Schultz als eine der Drei Damen in W.A. Mozart: ‚Die Zauberflöte', Bayerische Staatsoper, München 2015

puter mit einem speziellen Programm. Es zeichnet Stimmbanduntersuchungen auf und wertet sie aus. Angeschlossen an diesen Computer ist ein Stroboskop und eine Spezialkamera für Filmaufnahmen. Durch das Stroboskop werden bei der Untersuchung Blitze auf die Stimmbänder geschickt, während ein Endoskop gleichzeitig mit der Kamera deren Arbeit filmt.

Wie wird dieses Endoskop gehandhabt? Es wird zuerst mit einer Flüssigkeit überzogen, damit es nicht beschlägt, wenn es anschließend in den Mundraum geschoben wird. Das ist gänzlich schmerzlos und erzeugt auch keinen Würgereiz. Das Endoskop kann nämlich hinten im Mund um die Ecke in den Hals schauen, weil es eine Winkeloptik hat. Hinzu kommt ein Mikrophon. *Justus*, der sich zur Untersuchung bereit erklärt hat, hält dieses Mikrophon an die Stelle des Halses, an der es vibriert, wenn er singt oder spricht: den Kehlkopf. Er schiebt den Unterkiefer nach vorne und streckt die Zunge heraus, damit das Endoskop Platz hat. Und jetzt beginnt die Arbeit der Stimmbänder. *Justus* stimmt: „Höhöhö" an, dann „Hee" und ein ganz hohes „Hiiii".

Was verraten die Stimmlippen?

Justus kann selbst gleich darauf im Film auf dem Monitor zuschauen, wie seine Stimmbänder gerade gearbeitet haben. „Sieht man an diesen Bildern, dass *Justus* ein guter Sänger ist?"
„Nein!", muss *Dr. Hulin* die Fragenden enttäuschen. „Ich kann nur sehen, dass seine Stimmlippen ganz gesund und altersgerecht entwickelt sind."
„Kann man an Stimmlippen ablesen, ob zum Beispiel eine junge Frau eher eine Alt- oder eine Sopranstimme hat, ein junger Mann eher ein Tenor, Bariton oder Bass werden wird?"

„Nur bedingt. Die Stimmbänder verraten nur etwas durch ihre Länge: Je länger sie bei einem Erwachsenen sind, desto tiefere Töne können sie liefern."

Wie schnell schwingen die Stimmlippen?

Bei *Justus* hat es der Computer gleich ausgerechnet: 369 Mal in der Sekunde bei den tieferen Tönen. Das ist deutlich schneller, als sich eine Waschmaschine oder Bohrmaschine dreht – oder ein Kolibri mit seinen Flügeln schlagen kann.
Wenn *Justus* höher singt, werden seine Stimmlippen sichtbar stärker gespannt. Sie schwingen dann schneller: 790 Mal in der Sekunde.
1390 Schwingungen in der Sekunde erreicht eine Sängerin der Königin der Nacht, wenn sie in ihrer Arie den höchsten Ton, ein F3, singt. Mit dem bloßen Auge könnte man alle diese Bewegungen nicht sehen. Das ist nur mittels eines Stroboskops möglich, das in einer bestimmten Geschwindigkeit einen Blitz aussendet. Die dabei aufgenommen Bilder können wie in Zeitlupe angeschaut und geprüft werden.

Wie verändern sich die Stimmlippen?

„Nehmen wir als Beispiel die Haut: Babyhaut ist von der Struktur und der Elastizität ganz anders als die eines Schulkindes oder eines alten Menschen. Ähnlich verändert sich das Gewebe der Stimmlippen ständig. Auch durch spezielles Training können sie sich ändern und damit die Stimme ‚groß' werden lassen. Das regelmäßige Singen in einem Chor beispielsweise entspricht dem Trainieren beim Sport: Die Leistungen werden immer besser und können teilweise bis ins höhere Alter gehalten werden."
An *Justus* gewandt erklärt *Dr. Hulin*: „Wenn du älter wirst, wird sich auch deine Stimme ändern. Man nennt das ‚Stimmwechsel' oder im Volksmund: ‚Stimmbruch'. Das liegt an den Hormonen.
Du wächst in der Zeit deutlich stärker. Dabei vergrößert sich auch der Kehlkopf. Das Ergebnis ist eine tiefere Stimme."

Was passiert genau beim Stimmbruch?

Der Durchmesser des Kehlkopfes wird größer. Auch das Gewebe ändert sich durch den hormonellen Einfluss: Die elastischen Fasern z.B. nehmen ab, dafür kommen andere Bindegewebsfasern hinzu.

Kommen auch Mädchen in den Stimmbruch?

„Auch bei Mädchen wächst in der Pubertät der Kehlkopf, jedoch deutlich weniger als bei Jungen. Die Stimmlippen schwellen etwas an, die Schleimhaut ist nicht mehr so gut verschieblich. Das führt dazu, dass ein bisschen mehr Druck notwendig ist, um die Stimmlippen in Schwingung zu bringen. Durch den Druck und die mechanische Irritation kann es zu Verletzungen kommen – gerade in dieser Phase. Auch während des Menstruationszyklus' kommt es regelmäßig zu Gewebs- und Schleimhautänderungen. Früher gab es die sogenannten ‚Grace Days', an denen eine Operndiva per Vertrag nicht auftreten musste. Heute gibt es diese Rücksichtnahme nicht mehr: Durch die Globalisierung im Operngeschäft ist heute jeder ersetzbar."

Wie wirken Schwangerschaften auf die Stimme?

Catriona Smith hebt die positive Wirkung ihrer Schwangerschaften auf ihre Gesangsleistung hervor und erinnert sich, wie bewusst sie in diesem Zustand den Atemraum im Becken wahrgenommen hat. *Diana Damrau* beschreibt, wie ihre Schwangerschaften die Stimme nachhaltig beeinflusst haben: Die „Mittellage und die Tiefe haben sich weiter vergrößert und auch die Höhe hat an Rundung gewonnen."

Wodurch können Stimmlippen erkranken?

Bakterien, Viren oder die aufsteigenden Magensäfte können eine Entzündung hervorrufen. Dann schwellen die Stimmlippen, insbesondere die Schleimhäute,

an. Eine Schwellung kann auch daher kommen, dass man zu laut oder zu viel gesungen oder gesprochen hat. Das ist so, wie wenn man sich z.B. immer wieder aufs Knie schlägt.
Dann gibt es dort eine Schwellung. Manchmal gibt es auch Zysten unter den Stimmlippen.

Wie kann man einem Sänger helfen, dem kurz vor einer wichtigen Aufführung die Stimmlippen erkranken?

Dr. Hulin erklärt: „Das hängt von vielen Faktoren ab: Vor allem vom Untersuchungsbefund und von eventuellen Vorerkrankungen, von der verbleibenden Zeit bis zur Aufführung, von der Stimmintensität einer Partie, auch davon, ob ein Ersatzsänger zur Verfügung steht und von vielem mehr."

Was sieht man ‚hinter' den Stimmlippen?

Auf den Endoskop-Bildern sieht man auch den Übergang vom Kehlkopf in den oberen Speiseröhrenbereich. Er ist meist etwas gereizt, denn jeder Mensch hat einen leichten Rückfluss von Magensaft. Es ist die Magensäure und das Verdauungsenzym Pepsin, das dann schädigend wirkt. In jedem Rülpser kommt davon etwas hoch, auch in der Nacht.
„Sänger", so fasst es *Dr. Hulin* schmunzelnd zusammen, „dürften eigentlich nie essen – in der Früh nicht, weil sie in die Probe müssen, vor der Vorstellung sollten sie nichts essen und nach der Vorstellung auch nicht, weil sie schlafen sollen ohne einen belasteten Magen. Das ist natürlich eine Übertreibung! Es kommt darauf an, was man wann und wie viel man zu sich nimmt."

Was bewegt die Stimmlippen?

Der Atem bringt sie zum Schwingen. Den Befehl zum Atmen gibt unser Gehirn als unsere Steuerzentrale vom Moment der Geburt an. Und dann funktioniert die Atmung wie ein Uhrwerk, das im Abstand von etwa 5 Sekunden das Ein- und Ausatmen steuert, wenn wir nicht gerade sprechen oder singen.

Wie atmen Sänger?

Sänger haben einen langen Atem und sind Meister im Portionieren von Luft. Kurzes Atmen ist beispielsweise nötig, wenn es um Koloraturen geht. Eine Koloratur ist eine sehr rasche Folge von kurzen Tönen. Bis zu sieben Mal pro Sekunde wird der Luftdruck bzw. der Luftstrom dabei von einem Sänger verändert.

Wer oder was steuert den Luftstrom genau?

Beim Ein- oder Ausatmen ist es die Lunge zusammen mit der Muskulatur an den Rippen, den Bauchmuskeln und dem Zwerchfell, die die Luft portionieren und steuern. Etwa 1 Liter Luft bleibt als Vorrat immer in den Lungen. Bei einem normalen Atemzug bewegt man nur einen halben Liter Luft.

Warum atmet man nicht jedes Mal den ganzen Luftvorrat aus?

Die feinen Lungenbläschen würden zusammenkleben.

Vergrößert sich das Lungenvolumen bei Sängern?

Wie Studien ergeben haben, vergrößert es sich durch das tägliche Gesangstraining nicht. In der Lunge eines Sängers sind genauso wie bei jedem anderen Erwachsenen rund 7 Liter Luft, davon werden bei tiefem Ein- und Ausatmen etwa 5 Liter bewegt. Es bleibt also immer ein Rest Atemluft in der Lunge. Und von dieser Restatemluft bedienen sich die geübten Sänger genau dosiert: Sie holen sich davon bis zu 20 %, um einen langen Ton zu singen. Wie machen sie das? Sie halten die Luft mit dem

Zwerchfell fest und lassen nur ganz langsam mit dieser Stütze des Zwerchfells den Atem herausfließen – das kann mehrere Sekunden dauern.

Was für ein Fell ist das Zwerchfell?

Zwerch heißt quer. Es handelt sich beim Zwerchfell um eine Muskel- und Sehnenplatte, die quer durch den Rumpf führt und den Bauch- und Brustraum voneinander trennt. Das Zwerchfell formt unter den Rippen eine Art Kuppel, die sich bei der Ausatmung nach oben wölbt und bei der Einatmung durch Muskelkontraktion wieder abflacht. Die Muskeln, die an den Rippen ansetzen, werden durch das vegetative Nervensystem automatisch gesteuert. Durch das zentrale Nervensystem können sie auch willentlich bewegt werden.

Wie funktioniert das Zwerchfell beim Singen?

Die Sopranistin *Renate Lettenbauer* vergleicht das Zwerchfell und die Atemmuskulatur mit dem Rahmen eines Konzertflügels, der aus Eisen besteht, um den enormen Druck der Saitenspannung auszuhalten – so wie der Körper die Spannung und Vibration der Stimmbänder aushalten muss, was in der Fachsprache ‚Stütze' genannt wird. Einen schwierigen Moment gibt es etwa bei einem lang gehaltenen hohen Ton. Es ist eine Kunst, diesen Ton sanft ausklingen zu lassen mit genau dosierter Muskelspannung. Würde man ihn einfach abbrechen, wäre es so, als würde man ein Gummiband spannen und plötzlich loslassen. Es schnurrt unkontrolliert zusammen. Ein Sänger muss deshalb täglich all die Muskeln, die zum Singen gehören, trainieren, damit sie nicht erschlaffen und gut zusammenarbeiten.

Wie kann man sein Zwerchfell spüren?

Wenn man beide Hände in die Seiten unterhalb der Rippen stützt, dann durch die Nase bei geschlossenem Mund einatmet und zuletzt ein „Ho-Ho-Ho" ausstößt oder eine Dampflok nachahmt, die anfährt und immer mehr in Schwung kommt, spürt man, wie sich der Bauch mehrfach kurz anspannt. Das Zwerchfell wölbt sich dabei nach oben und senkt sich wieder nach unten.

Stimmlippen + Atem = Stimme?

Die Stimmlippen erzeugen, wenn der Atem sie in Schwingungen versetzt, nur einen ungewöhnlichen Primärklang. Früher glaubte man, dieser sei kaum hörbar. Mit neuen Messmethoden aber hat man herausgefunden, dass dieser Klang recht intensiv ist.

Wie und wo entstehen Klänge? Was ist ein Vokaltrakt?

Um daraus Klänge entstehen zu lassen, braucht es eine Vielzahl von kleinen, großen und sehr variablen Räumen mit unterschiedlich verschließbaren Höhlungen, nämlich Nasen-, Rachen- und Mundraum sowie Brustraum. Dies sind die Resonanzräume, welche durch Mitschwingen den Ton verstärken. Sie gehören zum sogenannten Vokaltrakt. Außerdem wird die Atemluft in diesen Räumen zu Tönen geformt. Da braucht es bei allen Menschen, besonders aber bei Sängern, sehr viel Übung, diese Resonanzräume mit den richtigen Einstellungen optimal zu nutzen. Jede Faser des Körpers muss sich dann daran erinnern, wie und wo welcher Ton zustandekommt. Bei diesem Lernprozess ist das Ohr der wichtigste Helfer.

Wie sieht der Kehlkopf aus und welche Rolle spielt er?

Der Kehlkopf spielt dabei eine entscheidende Rolle: Er schützt die Stimmlippen und ist der Ursprungsort der Spannung und Vibration. Er besteht aus einer Reihe von Knorpeln, die durch Gelenke, Bänder und

Diana Damrau als Königin der Nacht und Juliane Banse als Pamina in W.A. Mozart: ‚Die Zauberflöte', Bayerische Staatsoper, München 2004

Schleimhautfalten beweglich verbunden sind. Er ist an vielen feinen Muskeln aufgehängt, die ihn in alle Richtungen ziehen können.
Dadurch werden die Stimmbänder ebenfalls gedehnt oder verkürzt.

Warum heißt er bei Männern ‚Adamsapfel'?

Die Form des bei Männern deutlich sichtbaren Kehlkopfes erinnert an einen Apfel. Der Zusatz ‚Adam' geschah vermutlich aus einer einfachen Beobachtung heraus. Bei Frauen ist der Kehlkopf kaum oder nicht sichtbar. Das biblische Paar Adam und Eva musste für die anschauliche Beschreibung dieses körperlichen Unterschieds herhalten. Adam, so könnte man deuten, ist der Apfel wahrhaft im Hals stecken geblieben ... Er hat ihm beim Singen und Sprechen aber deutliche Vorteile gebracht: Männerstimmen können durch den größeren Umfang und die höhere Beweglichkeit des Kehlkopfes lauter werden, insbesondere, wenn sie den Kehlkopf tief stellen.

Den Kehlkopf kann man tief und hoch stellen. Was heißt das?

Der Kehlkopf ist in der Höhe sehr variabel. Beim Gähnen senkt er sich nach unten, beim Schlukken steigt er hoch. Beim Schlucken ist es eine automatische Bewegung, denn dabei legt sich der Kehlkopfdeckel über die Luftröhre. Dann wird die Schluckstraße geöffnet und die Speise wandert in die Speiseröhre hinein: Man verschluckt sich nicht. Beim Gähnen weitet sich der Rachenraum extrem. Die Stimmlippen gehen sehr weit auseinander, damit wir gut Luft bekommen. Dabei senkt sich der Kehlkopf bis zum Halsansatz herab.

Warum dunkeln sich Töne dabei ab oder hellen sich auf? Was passiert genau?

Das Rohr, das der Rachen- und Mundraum oberhalb der Stimmbänder bis zur Mundöffnung bildet, wird länger, wenn der Kehlkopf nach unten wandert. Ein langes Rohr klingt tiefer. *Dr. Hulin* erklärt das wie folgt: „Das ist so, als ob Sie statt einer Trompete eine Posaune hätten. Dann wird der Klang ein anderer, deutlich dunkler." Dieses Rohr, das man sich auch als Turm vorstellen kann, in dem die Stimme emporklettert, wird durch das Wandern des Kehlkopfes mal kürzer, mal länger. Kleine Räume klingen heller als große! Durch dieses Spiel des Kehlkopfes mit dem Luftraum kann man Töne abdunkeln oder aufhellen!

Was hat die Kehlkopfstellung mit der Laustärke zu tun?

Wenn der Kehlkopf nach unten wandert, ist der Raum des Rachens darüber viel größer. Dieser Raum heißt auch Ansatzrohr wie bei einem Blasinstrument.
Die Töne, die von den Stimmlippen kommen, können sich besser entfalten. Sie haben einen größeren Klang- oder Resonanzraum.

Wie lang ist das ‚Ansatzrohr' über dem Kehlkopf?

Die Strecke, die der Schall von den Stimmbändern bis zu den Lippen zurücklegt, beträgt bei Kindern zwischen 7 und 10 cm, bei erwachsenen Männern zwischen 17 und 20 cm. Durch Heben und Senken des Kehlkopfes sowie durch Vorstülpen und Zurückziehen der Lippen kann die Länge des Vokaltraktes noch zusätzlich verändert werden.

Wie viele Befehle muss das Gehirn geben, um die Stimme in Bewegung zu setzen?

Beim Wort ‚Tasse' etwa gehen mindestens 13 Befehle an unterschiedliche Teile der Stimmproduktionsmaschinerie. Noch bevor man den Mund für das Wort ‚Tasse' öffnet, hat jeder schon das Bild einer Tasse im Kopf und auch eine Vorstellung vom Klang des Wortes.

Die Muskelarbeit beginnt etwa 500 Millisekunden, bevor sich der Mund öffnet. Die Stimmbänder bewegen sich aufeinander zu, der Luftdruck steigt. Danach vollzieht jeder die Arbeit in Millisekunden. Um das Wort auszusprechen, braucht man nur 360 Millisekunden. Das gelingt durch das intensive Erproben der Stimme als Säugling: Wir haben alle Vorgänge so verinnerlicht, dass sie später automatisch ablaufen.

Welche Rolle spielt das Ohr für die Stimme?

Das Ohr leistet Verblüffendes. Es arbeitet etwa 1000 Mal schneller als das Auge und kann etwa 10 hoch 13 unterschiedliche Lautstärken unterscheiden.

Wie funktioniert das Ohr genau?

Drei Hörstationen lassen sich unterscheiden, die jeweils andere Aufgaben erfüllen: Das äußere Ohr mit der Ohrmuschel fängt die Laute auf, dabei sind die Wege unterschiedlich lang, je nachdem, von wo der Schall auf das Ohr trifft: Indirekter Schall braucht einen etwa 6 cm längeren Weg zum Gehörgang als direkter Schall, der genau auf das Ohr trifft.
Das Telefon macht sich dies zunutze: Der Hörer legt sich an die Ohrmuschel an.

Warum gibt es 3 Hörstationen?

Die erste Station sammelt, die zweite verstärkt und die dritte schleift unangenehme Spitzentöne ab. Die Gehörknöchelchen nehmen die Schallschwingung auf, verstärken sie und leiten sie im Mittelohr über das dritte Knöchelchen auf die Verbindungswand zum Innenohr, das sogenannte Trommelfell. Das Innenohr ist mit Flüssigkeit gefüllt. Es enthält zum einen äußere Haarzellen, welche die Schwingungen verstärken, und zum anderen innere Haarzellen, welche als eigentliche Sinneszellen die Schallschwingungen umwandeln und als Informationen zum Gehirn weiterleiten.

Was hören wir von der eigenen Stimme? Und was hören die anderen?

Jeder, der seine Stimme zum ersten Mal in einer Aufzeichnung, z. B. auf dem Anrufbeantworter, hört, ist entsetzt darüber, wie fremd seine Stimme klingt. Liegt das an der Aufnahmequalität? Nur zum Teil. Es liegt vor allem daran, dass der Schall unserer Stimme auf zwei Weisen wahrgenommen wird. Wir leiten unsere Stimme von innen an unser Innenohr, zum Beispiel über knöcherne Wege, die Knochenleitung des Schädels. Das ist der Körperschall.
Wir nehmen sie außerdem auch von außen wahr über das äußere Ohr: Millisekunden, nachdem wir etwas geäußert haben. Das ist der Außenschall.
Wenn man genauer hören will, wie die Stimme ‚außen', also für andere klingt, dann kann man eine Hand hinter ein Ohr legen und es wie eine Muschel zum Mund hin biegen. Dann hält man die andere Hand vor den Mund und spricht in diese doppelte Höhlung hinein. Wie ändert sich der Eindruck von der eigenen Stimme? Meist klingt sie höher als gewohnt!

Wie kann man mit anderen so zusammen singen, dass es harmonisch klingt?

Jeder Sänger hört sich selbst ja anders als sein Partner ihn hört! Wie soll beispielsweise ein Duett gelingen? Die Differenz ist offenbar nicht so groß, dass sie die Sänger und die Zuhörer stören würde.
Unser Ohr bzw. die Verarbeitungsstelle im Gehirn gleicht sie aus und lässt sich in diesem Falle willig täuschen, wie Untersuchungen festgestellt haben.

Die Entwicklung einer Sängerstimme
Diana Damrau

Eine Stimme verändert sich zeitlebens. Wie gehen Sänger damit um?
Die Wahl der Opernrollen muss der Stimmentwicklung Rechnung tragen, das ist das Entscheidende. Man muss genau hinhören, „wo sich die Stimme gerade befindet", fasst *Diana Damrau* ihre Erfahrung zusammen. Sie testet dies vor allem bei Liederabenden, wo sie selbst die Auswahl unterschiedlichster Gesangspartien in der Hand hat. Hier kann sie mit der Stimme spielen.
Auch die Gesangslehrer spielen eine wichtige Rolle. Ihre erste Lehrerin während des Studiums hat prophezeit, dass sie als Koloratursopran mit lyrischen Qualitäten einmal bis zu der Rolle gelangen wird, die sie selbst als die schwierigste überhaupt bezeichnet, die Violetta in ‚La Traviata' von Giuseppe Verdi.

**Diana Damrau als Sophie in Richard Strauss:
‚Der Rosenkavalier', Bayerische Staatsoper, München 2012**

Diana Damrau in drei Rollen in einer Aufführung, als Puppe Olympia, als todkranke Antonia, als verführerische Giulietta in Jacques Offenbach: ‚Les Contes d'Hoffmann', Bayerische Staatsoper, München 2011

Wie sie selbst beschreibt, klang ihre Stimme zunächst „sehr jung" und kam „von der hohen, leichten, silbrigen Seite". Die „großen tragischen Töne, die Mittellage und eine gut ausgeprägte Tiefe" waren noch nicht richtig da. Deshalb hat sie Rollen gewählt, „die zu meiner Stimme im jeweiligen Stadium passten, die aber quasi eine kontinuierliche Entwicklung in Richtung Violetta ermöglichten." Vom hohen Koloraturfach (Königin der Nacht, Zerbinetta) ging es gemischt mit Soubrettenrollen, die auch Mittellage über einem größeren Orchester fordern, wie Gretel oder Sophie (Rosenkavalier), zum hohen leichteren Belcanto (Fille du Régiment, Somnambula und Gilda) dann zu dramatischeren, aber hoch sitzenden Rollen wie Lucia di Lammermoor. Kurz vor dem Traviata-Debüt nahm Diana Damrau die drei Frauenrollen

in ‚Hoffmanns Erzählungen' in Angriff: Der Dichter E.T.A. Hoffmann mit seinen abgründigen märchenhaften Phantasiestücken und seine weiblichen Hauptfiguren stehen im Mittelpunkt dieser Oper von Jacques Offenbach.

Eine davon ist die Sängerin Olympia, die den Männern völlig den Kopf verdreht. In Wirklichkeit ist sie ein Spielautomat, der nur das singen und tanzen kann, was in seiner Mechanik vorgegeben ist. Koloraturen dienen dazu, die Automatenstimme nachzuzeichnen. Neben einer Puppe spielt *Diana Damrau* in dieser Oper noch zwei andere Frauentypen, die sie mal mit lyrischen, dann mit dramatischen Tönen charakterisieren muss: die sanfte, mädchenhafte Antonia und am Schluss das rassige Weib Giulietta. Alle diese Elemente hat auch die Violetta, nur, wie

Diana Damrau und Pavol Breslik in Gaetano Donizetti: ‚Lucia di Lammermoor', Bayerische Staatsoper, München 2015

Diana Damrau sagt: „Um drei Gänge verschärft! Violetta liegt tiefer, verlangt ein größeres lyrisches Potenzial, Mittellage und Dramatik. Außerdem ist es die Rolle einer reifen Frau und eine äußerst tiefgründige Situation. Dafür muss man auch als Mensch und Künstler bereit sein."
Erst wollte sie noch Donizettis ‚Lucia di Lammermoor' singen, diese Partie über eine Frau, die dem Wahnsinn verfällt. Warum?
Die Lucia ist „viel höher als die ‚Traviata', hat auch mehr Koloraturen. Aber ich wollte das singen, solange meine Stimme in allen Bereichen in Extremstform bespielbar ist und in der absoluten Höhe die nötige Leichtigkeit besitzt, also im Forte wie auch im Piano, wie in den Staccati in den Koloraturen als auch in der Möglichkeit, große Bögen zu spannen. Das alles hat man in der Lucia vereint."
Das Debüt als Violetta gab sie dann mit rauschendem Erfolg an der Met 2013. Aufführungen u.a. in Mailand folgten. Als Deutsche an der Scala die Traviata zu singen und dazu auch noch im Verdi-Jahr in einer extra angesetzten Neuproduktion zur Eröffnung der Saison: Das Leben hat ihre Jugendträume überboten.
Mit 14 Jahren hatte *Diana Damrau* im Fernsehen den opulenten Opernfilm ‚La Traviata' von Franco Zeffirelli gesehen und spontan entschieden, dass sie Opernsängerin werden wolle. Sie würde einst als Traviata die Bühnen erobern.
Genau dieses Ziel hat sie erreicht ... aber der Weg geht weiter mit neuen Perspektiven.

Diana Damrau beim Applaus nach der Festspielaufführung von Giuseppe Verdi: ‚La Traviata', Opernfestspiele München 2010

Das Leben der Sänger

Früh übt sich?

„Stammen Sie aus einer Musikerfamilie?"
„Nein!" antworteten die meisten der Interviewpartner. „Aber ..." fuhren sie fort und erzählten, welche Rolle die Musik, besonders das Singen, in ihrer Familie gespielt hat.
Gemeinsames Singen beim Autofahren, beim Wandern, auch bei der Gartenarbeit oder bei Festen – daran erinnern sich fast alle.

Wie war das in der Kindheit der großen Sänger?

Jonas Kaufmann antwortet auf die Frage: „Singen Sie heute selbst auch viel mit Ihren eigenen Kindern?" „Das tue ich. Sie singen auch selber sehr gern. Als kleine Kinder konnten sie schon Töne nachsingen. Das muss man ja auch lernen: Dass man die Stimmbänder auf den selben Ton einstellt, den jemand vorsingt."

Eine Rolle gespielt haben zudem für die Sänger in ihrer eigenen Kindheit und Jugend die Leiterin oder der Leiter eines Chores: des Kirchenchors bei *Susanne Karadag*, der Mut machte, ein Solo zu singen, der Chorleiter des Kinderchors, der für *Jonas Kaufmann* ein unvergessliches Weihnachtssingen auf dem Münchner Marienplatz organisierte, ein Musiklehrer, der die besonders kräftige Stimme von *Anja Harteros* im Chor mal förderte, mal sich einordnen ließ, oder der Lehrer, der das Liedgut genau der Stimmentwicklung von *Markus Werba* anpasste – sie alle spielen eine wichtige Rolle in den Sängerbiographien.

Bei *Klaus Florian Vogt*, der aus einer musikbegeisterten Arztfamilie stammt, war es, wie er in einem Interview erzählt, ein Gesangsvortrag bei einem Familienfest, der den Anstoß zu seiner späteren Karriere als Tenor gab.
Für das Gesangsstudium gab er seine Stelle als Hornist in einem großen Hamburger Orchester auf.

Einen besonderen Hintergrund hat die Mezzosopranistin *Susanne Karadag*: Sie wuchs in einem protestantischen Pfarrhaus auf. Sie sang schon früh in der Kirche im Kinderchor mit. Besonders vertraut war ihr die Musik von Johann Sebastian Bach. Seine Werke singt sie immer noch am allerliebsten.

Der Kirchenchor in seiner Heimatgemeinde im Rheingau spielte auch für den Countertenor *Andreas Scholl* eine entscheidende Rolle: Jeden Sonntag sang er mit den Kiedricher Chorknaben das Choralhochamt in einem alten Mainzer Dialekt, das es in dieser Form nur noch hier gibt. Montags bis freitags wurde geübt, so, wie es seit 700 Jahren die Tradition ist, die auch Vater und Großvater des Sängers schon gepflegt haben. Es war sein Chorleiter, der ihn aufforderte, während des Stimmbruchs täglich mit einer Stimmbildnerin zu arbeiten und so die besonders kräftige hohe Knabenstimme neben der sich entwickelnden reiferen Stimme zu bewahren.

Wie war es genau bei *Anja Harteros?*

Kommen Sie aus einer Familie, in der viel Musik gemacht wird?

„Nein, eigentlich nicht. Meine Eltern mögen Musik sehr, meine Mutter spielt Gitarre und alle singen sehr, sehr gerne, aber es ist nicht so, dass wir ununterbrochen Musik gemacht hätten. Aber an Weihnachten oder bei Familienfesten oder bei der Gartenarbeit, da wurde immer gesungen."

Welche Lieder haben Sie dann gesungen?

„Ich erinnere mich zum Beispiel an die Weihnachtsfeste. Dann haben wir die vielen bekannten Lieder zweistimmig gesungen, denn meine Großmutter war immer dabei. Sie konnte zu jedem Lied die zweite Stimme singen. Bei den Volksliedern erinnere ich mich beispielsweise an ‚Schwarzbraun ist die Haselnuss' oder ‚Es tönen die Lieder'."

Ihr Vater ist Grieche, Ihre Mutter Deutsche. Sind Sie mit dem Liedgut, der Musik aus beiden Kulturen groß geworden?

„Ich muss gestehen: Griechisch singen kann ich nicht. Wir haben aber viel griechische Musik gehört. Es gibt ein besonderes griechisches Instrument, die Busuki, mit 12 Saiten. Dieses Instrument sieht sehr schön aus mit seinen vielen Verzierungen. Es wird mit einem Plättchen sehr schnell gespielt. Das war als Instrument mein Traum, ich habe es aber leider nie gelernt."

Dann wurde Ihre Stimme sehr schnell entdeckt. Auf dem Gymnasium?

„Ja. Unser Musiklehrer hatte eine Musikklasse ins Leben gerufen. Und jedes Kind in dieser Klasse musste in den Chor gehen und ein Instrument erlernen. Wenn wir es gut genug spielten, konnten wir auch ins Orchester eintreten. Aus dieser Musikklasse, die drei Jahre dauerte, bin ich sozusagen hervorgegangen und habe danach weiterhin im Chor gesungen. Das war schon ganz toll. Als ich dann in die Oberstufe kam, gab es erstmalig einen Musik-Leistungskurs."

Hat der Chorleiter Sie besonders gefördert?	„Ja. Herr *Welp*, unser Chorleiter, hatte eine besondere Gabe, die ganze Schule, Schüler wie Lehrer, dazu zu motivieren, an Projekten gemeinsam teilzunehmen, zum Beispiel an Musicals wie ‚Cats' oder ‚Josef' oder an Opern wie ‚Die Zauberflöte' oder ‚Don Giovanni'. Das war richtig toll! Ich habe dabei immer mitgespielt. Bei der ‚Zauberflöte' sang ich die Rolle eines der drei Knaben gemeinsam mit dem ganzen Unterstufenchor. Ich durfte also nicht allein auf der Bühne stehen! Normalerweise sind das Solostimmen, aber dafür waren wir nicht ausgebildet genug. So wurde im Chor meine Stimme entdeckt. Sie war relativ kräftig, deshalb sagte Herr *Welp* dann öfters: ‚Anja, du kannst ein bisschen leiser und die anderen können mal ein bisschen lauter singen.' Dann musste ich einmal alleine vorsingen, als ich 13 Jahre alt war. Danach meinte er, ich solle die Zerlina im ‚Don Giovanni' singen! Und das wurde meine erste Solopartie, die Zerlina aus Mozarts Oper. Anschließend habe ich mit 14 oder 15 Jahren Gesangsunterricht bekommen."
Wer hat noch entdeckt, dass Sie eine besonders schöne Stimme haben?	„Auch meine Oma hatte vorher schon immer gesagt: ‚Du hast eine sehr schöne Stimme!' Und meine Eltern eigentlich auch. Und meine Reitlehrerin! Beim Reiten konnten wir auch immer singen! Die Tochter meiner Lehrerin spielte Gitarre und dann haben wir abends beim Lagerfeuer gemeinsam gesungen, so etwas wie: ‚I am sailing!' Aber der Musiklehrer, Herr *Welp*, hat den eigentlichen Anstoß gegeben, indem er mir Mut machte: ‚Du hast eine sehr gute Stimme – und du darfst Solo singen.' Das hat mich einerseits gefreut, aber ich habe mich auch dafür geschämt."
Warum haben Sie sich für das Lob geschämt?	„Die Stimme ist etwas sehr Persönliches, für das man eigentlich nichts kann, d.h. es ist kein eigenes Verdienst, sondern ein Geschenk. Andererseits habe ich mich durch das Lob kennengelernt, denn das hatte ich vorher so nicht gewusst."
Fanden Sie Ihre Stimme auch besonders schön?	„Ich fand die Musik, die Töne sehr schön und die Gelegenheit, etwas damit zu machen. Ich habe mich auch gar nicht so sehr selbst gehört, wenn ich gesungen habe."

Mögen Sie Aufnahmen Ihrer eigenen Stimme?

„Mit Aufnahmen war das früher ganz besonders schlimm. Auch wenn ich mich jetzt nach dem Interview zum Beispiel selber sprechen hören würde, würde ich sagen: ‚Oh Gott, das bist du doch gar nicht! Das ist irgendjemand anderes.' Und das war beim Singen auch immer so.
Die Aufnahmen vom Anfang habe ich mir nie angehört, erst die, bei denen ich etwa 25 Jahre alt war. Dann habe ich mich ihnen gestellt.
Die Stimme muss sich ja auch entwickeln! Ich habe nicht immer so gesungen, wie ich heute singe. Man macht eine Entwicklung durch: Die Stimme hört sich manchmal sehr fremd an, bis man herausgefunden hat, wie sie am besten klingt, wie sie wirklich ist."

Und bei *Jonas Kaufmann?*

Nicht nur die Mutter mit ihrem großen Liederschatz, sondern auch Vater und Großvater spielten in der Familie hinsichtlich des Musiklebens eine besondere Rolle: der Großvater durch sein Klavierspiel und seinen Gesang, der Vater durch seine Begeisterung für klassische Musik und durch eine Schallplattensammlung von 500 LPs, darunter vor allem sinfonische Werke, aber auch Opern. Sonntags wurden die Platten vormittags aufgelegt: „Meine Schwester und ich saßen dann auf dem braunen Ledersofa und durften uns eine Platte aussuchen", erinnert sich *Jonas Kaufmann*. „Anfassen durften wir die kostbaren Vinylscheiben nicht, zum Umdrehen musste immer ein Erwachsener kommen. Später kam dann ein Tonbandgerät dazu, damit konnte man endlich eine Sinfonie ohne Unterbrechung hören und auch Musik aus dem Radio aufzeichnen. Aber wir hatten auch ganz tolle Kinderschallplatten mit Klassischer Musik. Zum Beispiel: ‚Piccolo, Sax und Co': Da wurden Musikinstrumente vorgestellt, und man ging beim Hören auf musikalische Weltreise.
Also musikalisch geprägt wurde ich ganz früh, und sicher habe ich diese tiefe Liebe zur klassischen Musik damit auch meiner Familie zu verdanken."
Daran hatte auch der Großvater seinen Anteil, der im gleichen Haus wohnte und manchmal stundenlang Klavier spielte, meist Wagner. Dazu sang er auswendig alle Partien mit, auch die für Frauenstimmen.
„Seine Begeisterung für Wagners Musik hat er mir wohl mitgegeben, quasi geschenkt", sagt *Jonas Kaufmann*, der auch die alten großväterlichen Notensammlungen mit den aufwändig gestalteten Deckblättern sorgfältig aufbewahrt.
Mit 5 Jahren trat *Jonas Kaufmann* in den Kinderchor der städtischen Sing- und Musikschule ein, mit 8 Jahren begann er mit dem Klavierspielen.
Heute sagt er dazu: „Irrsinnigen Spaß hat mir das Klavierspiel nicht wirklich gemacht, aber es ist halt eine gute Basis für meinen Beruf." Singen gefiel ihm besser, besonders das traditionelle Weihnachtssingen auf dem Münchner Marienplatz, für das sich viele bayerische Chöre bewerben. Der Chorleiter des Kinderchors, in dem Jonas und seine ältere Schwester sangen, erreichte es, dass sein Chor auf dem Rathausbalkon auftreten und Weihnachtslieder singen durfte. Ein weiteres prägendes Erlebnis war der erste Opernbesuch. Puccinis ‚Madame Butterfly' stand auf dem Programm. „Da spüre ich heute noch den fest gebürsteten Seitenscheitel, die sauberen Fingernägel, das weiße Hemd und den Trachtenanzug. Ich saß neben meiner Schwester in der ersten Reihe, direkt in der Mitte, gleich hinter dem Dirigenten. Alles war gewaltig, alles war groß, schön und aufregend. Der riesige Raum, die roten Samtbezüge der Sitze, die Bühnenbilder, Kostüme, die Musik und dann der Applaus. Und plötzlich stand die Frau, die sich gerade erstochen hatte, vor dem Vorhang und war wieder lebendig! Das habe ich einfach nicht fassen können! Oper war für mich wahrhaftig, echt und ernst. So habe ich es empfunden, und das ist in gewisser Weise bis heute so geblieben. Wenn ich heute selbst auf der Bühne stehe und in eine Rolle schlüpfe, suche ich immer den echten Menschen dahinter und die Gefühle, die ihn bewegen."
Auch *Jonas Kaufmann* denkt an seinen Musikunterricht und seinen Musiklehrer *Bernd Schuch* gern zurück. Viele Chancen haben sich dort geboten, allerdings auch Klippen! Als er bei einem Konzert ein Solo singen sollte, fielen ihm seine Klassenkameraden ein. Er erinnert sich genau und erzählt im Interview: „Wir hatten ein Schulorchester. Eines Tages kam der Musiklehrer und sagte: ‚Deine Stimme ist doch schön, willst du nicht eine Solostelle singen?' Ich habe mir gedacht: ‚Ja klar, warum denn nicht?' Ich fühlte mich sehr geschmeichelt!
Aber wenn man dann dasteht vor dem Publikum! Das

sind ja deine Klassenkameraden, die da sitzen und die sagen: ‚Ja, das ist ja peinlich! Was macht er denn da? Wir hören alle unsere neueste Popmusik und der singt da so komische klassische Sachen wie vor ein paar hundert Jahren!'

Da war ich so aufgeregt, dass mir die Stimme weggeblieben ist. Einfach, weil ich so nervös war! Ich habe so geschlottert und gezittert und hab gar nicht mehr richtig atmen können vor lauter Aufregung.

Aber wenn man es dann ein paar Mal gemacht hat und weiß, wie man richtig atmet und seine Stimme ansetzt, dann bekommt man Vertrauen in sein Instrument und weiß: Ich kann das. Und wenn man das weiß, dann ist das wie bei einer Schularbeit: Man meistert sie!"

Zu den wöchentlichen mehrstündigen Proben für die anspruchsvollen Konzerte ging er gern. Auch er hatte Glück bei der Wahl der Leistungskurse: Erstmals kam ein Musikleistungskurs zustande.

Er durfte teilnehmen, auch ohne das geforderte Instrumentalspiel einbringen zu müssen. Stattdessen wurde vom Ministerium ‚Gesang' im Abitur genehmigt, unter der Bedingung, dass er professionellen Gesangsunterricht an der Musikhochschule nähme. Auf diese Bedingung ging er gerne ein.

Zufällig entdeckte er eine Zeitungsanzeige, in der Sänger für den Extrachor des Münchner Gärtnerplatztheaters gesucht wurden. Er bewarb sich, gerade 17 Jahre alt, sang vor und wurde aufgenommen. Die Aufführungen im direkten Kontakt mit den Solisten waren, so sieht er es heute, eine gute und begeisternde Übung für den späteren Beruf.

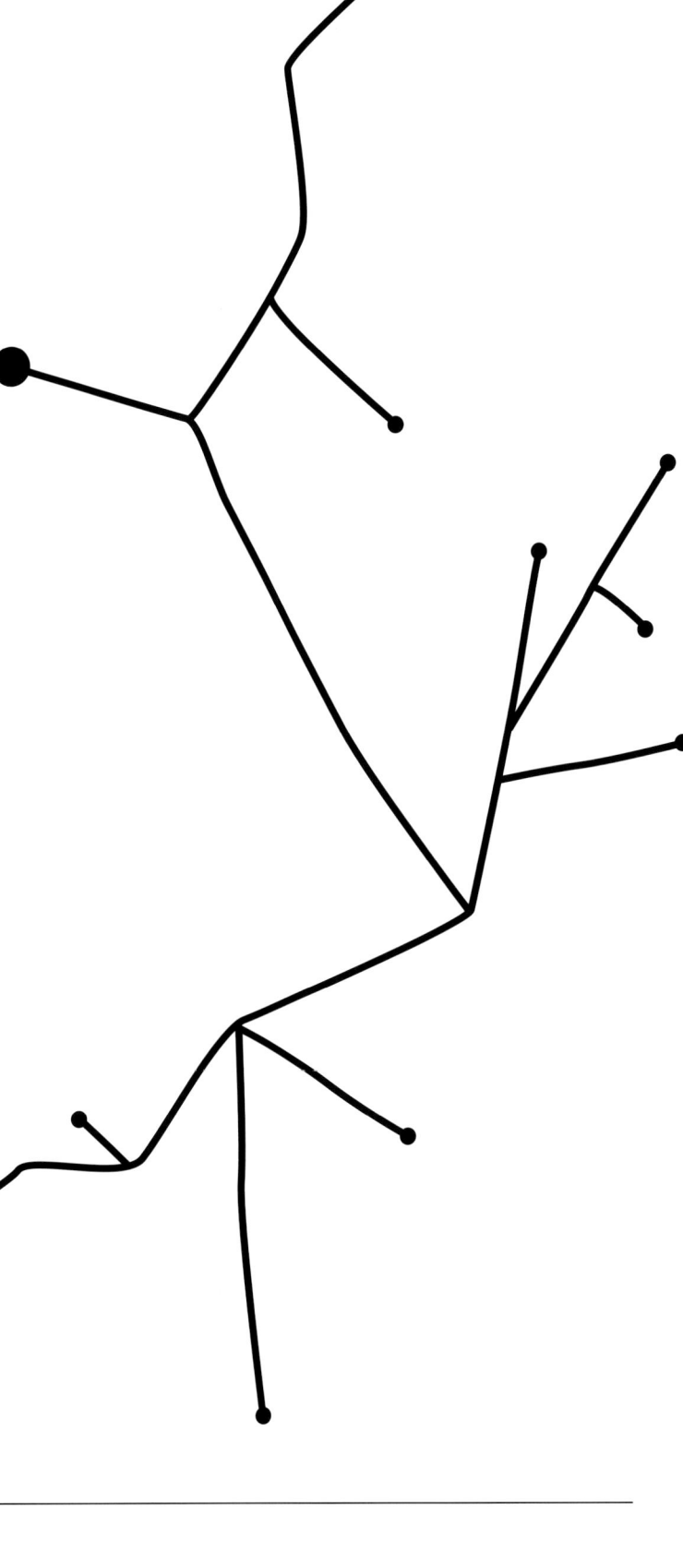

Besondere Chancen:
Markus Werba

Besondere Chancen erhielt *Markus Werba,* als in seiner Kärntner Mittelschule zum ersten Mal eine Musikklasse eingerichtet wurde.
Eine Band wurde gegründet, in der alle auch gerne zusätzlich zum Unterricht übten. Als er nach dem Stimmbruch erstmals wieder mit dem Singen anfing, staunte der Musiklehrer über seine außergewöhnliche Stimme. Speziell für diese Stimme suchte er nun Stücke aus und führte *Markus Werba* hin zum klassischen Repertoire, speziell zum Oratoriengesang.
Mit 17 fiel die Entscheidung zugunsten eines Gesangsstudiums und gegen eine ebenso vielversprechende Karriere als Skirennläufer. Mitgeholfen bei der Entscheidung hat sein Onkel, *Dr. Erik Werba*, bekannt u.a. als Klavierpartner von *Christa Ludwig*.

Wie war es, Schüler des Gymnasiums der Regensburger Domspatzen zu sein?
Ludwig Hartmann

Was war das Besondere? „Für externe Schüler wie mich gab es nach dem Schulvormittag im Speisesaal das gemeinsame Essen, z.B. Kartoffelklöße, Schweinsbraten oder Regensburger Würstel. Alles wurde von den Nonnen zubereitet, die uns hungrige Schüler auch mal mit Extrarationen verwöhnten."

Wie sah der Stundenplan aus? „Am Vormittag hatten wir normalen Unterricht, also z.B. Mathe, Latein, Bio, Erdkunde, Deutsch, Englisch. Am Nachmittag stand Sport auf dem Programm. Anschließend gab es Instrumental- und Gesangsunterricht. Im Silentium mussten die Schulaufgaben erledigt werden."

War das nicht sehr anstrengend? „Nein, denn die klare Struktur half, konzentriert abwechselnd allein oder in der Gruppe zu arbeiten und dazwischen z.B. Fußball zu spielen."

Was war das Schönste an dieser Art des Schullebens? „Das Schönste waren der Zusammenhalt, die gemeinsamen Auftritte, die vielen Reisen."

Ist etwas von dem Zusammenhalt geblieben? „Ja, man trifft sich jedes Jahr an einem bestimmten Datum wieder. Viele haben gemeinsam Ensembles gegründet und treten weiterhin als Musiker auf, auch wenn sie hauptberuflich z.B. Naturwissenschaftler oder Juristen geworden sind."

Ludwig Hartmann ist nach seinem Musikstudium mit Schwerpunkt Oboe und Schulmusik einen ganz besonderen Weg gegangen: Er hat mit zwei Freunden die inzwischen international hoch renommierten ‚Tage Alter Musik Regensburg' ins Leben gerufen.
Seit 30 Jahren gibt es in Regensburg zu Pfingsten kein Hotelzimmer mehr, weil die Musiker und die vielen Zuhörer alle Betten belegen. Selbst die zeitgleich ablaufenden Pfingstfestspiele in Salzburg sind, so hat es sich herausgestellt, keine Konkurrenz.

**Konzert bei den ‚Tagen Alter Musik Regensburg',
Basilika St. Emmeram**

Ein Dorf voller Musik
Die Heimat des Baritons *Andrè Schuen*

Es ist ein Dorf, 1300 Meter oberhalb von Bruneck gelegen, in dem *Andrè Schuen* mit seinen Schwestern *Marlene* und *Elisabeth* groß geworden ist. Das Besondere hier ist nicht nur, dass jeder ein Instrument spielt und singt, sondern auch die gemeinsame Sprache, das Ladinische. Diese romanische Sprache wird nur noch von etwa 3000 Menschen in fünf Tälern gesprochen. Sie zeichnet sich durch weiche Konsonantenverbindungen und volltönende Vokale aus. Wenn die Schwestern, die eine Band gegründet haben, ihre Texte schreiben, dann steht der Wohlklang dieser Wörter oft im Vordergrund.

Hört man sie mit ihrem Bruder gemeinsam ein altes Volkslied dreistimmig singen, so ahnt man etwas davon, wie schön es dort oben klingt – und das nicht nur bei Festen, sondern auch im Alltag.

Andrè Schuen, das jüngste der drei mehrsprachig aufgewachsenen Geschwister, kommt aus einer sehr musikalischen Familie. Er erinnert sich daran, dass er als kleines Kind immer mit Gesang in den Schlaf gewiegt wurde. Auch das allabendliche Ziehharmonika-Üben des Vaters im Flur hat ihn so ruhig einschlafen lassen, dass er sich heute nur an diese Töne zu erinnern braucht, um jene Stimmung wieder zu finden. Dass es ihm manchmal als Kind aber auch schwerfiel, vom Fußballspiel weggerufen zu werden zu einem musikalischen Auftritt in Tracht, das verschweigt er nicht.

Zunächst hat *Andrè Schuen* Cello studiert, bis ihm eine seiner Schwestern, die schon am Mozarteum in Salzburg für Gesang eingeschrieben war, eine CD geschenkt hat mit Schubert-Liedern. „Du magst doch auch so gern singen!" war ihr aufmunternder Kommentar. Der Bruder war fasziniert, hat es selbst ausprobiert und anschließend ebenfalls das Fach Gesang belegt. Hat ihm das vorangegangene Cello-Studium dabei geholfen? „Ja!" sagt er. „Auch beim Cellospielen lernt man beispielsweise viel über das Legato, die Artikulation und Klanggebung – und die Klänge des Cellos sind der menschlichen Stimme von allen Instrumenten am ähnlichsten."

Inzwischen ist *Andrè Schuen* ein auf den Konzert- und Opernbühnen äußerst begehrter Sänger, der für sein intensives und ausdrucksstarkes Singen und Spielen gefeiert wird. *Verena Vetter*, seine Agentin, hat ihn, wie sie erzählt, bei einem Auftritt in Südtirol entdeckt. Er setzt sich engagiert auch für den Liedgesang ein, tritt überzeugend und authentisch auf. Und das ist es, was das Publikum zu schätzen weiß.

Studium

Es gibt Beispiele berühmter Sänger, die sich als Autodidakten und mit privaten Gesangslehrern erfolgreich auf eine Karriere vorbereitet haben. Die Mehrzahl entscheidet sich für ein Studium, aber oft erst nach Umwegen.
Der Bariton *Christian Gerhaher* schloss seine Facharztausbildung ab und nahm zusätzlich Unterricht an der Musikhochschule.
Ein Studium an einer Hochschule beispielsweise mit Schwerpunkt im Fach Gesang dauert mindestens vier Jahre. Bei der strengen Aufnahmeprüfung muss jeder angehende Sänger vorsingen. Darauf bereitet ihn in der Regel ein Gesangslehrer vor. Auch ein Instrument, meist ist es das Klavier, muss jeder schon beherrschen. Eine wichtige Frage ist dann diejenige nach dem Stimmfach, das man studieren soll: eher Sopran oder Mezzosopran, Mezzosopran oder Alt bei den Frauenstimmen? Bei den Männerstimmen: Tenor oder Bariton, Bariton oder Bass?

Wie haben die Sänger ihr Studium erlebt?

„Ich habe von 1992 bis 2000 Musik mit Hauptfach Gesang in Köln studiert," erzählt *Anja Harteros*. „Die ersten 4 Jahre waren sehr anstrengend, weil alle Nebenfächer abgeschlossen werden mussten, beispielsweise Gehörbildung, Harmonielehre, Musikgeschichte. Man muss richtig büffeln und ist auch nicht überall gleich begabt.
Das Singen konnte ich relativ gut, davor hatte ich wenig Angst.
Und ich muss auch sagen, dass ich immer sehr kritisch war. Wenn meine Gesangslehrerin mir etwas gesagt hat, meinte ich immer, es besser zu wissen und habe innerlich ein bisschen rebelliert. Erst hinterher habe ich gemerkt, dass es nicht ganz falsch war, was sie gesagt hat."

Würden Sie etwas an diesem Studium ändern?

„Ja, da kann ich mir einiges vorstellen. Ich weiß allerdings nicht, inwieweit sich das Studium geändert hat in der Zwischenzeit. Es fehlte damals die Vorbereitung auf den Beruf der Sängerin als solchen. Nun ist der Beruf aber auch für jeden unterschiedlich. Manche gehen ins Ensemble und bleiben immer fest engagiert an einem Haus, manche gehen in den Chor, manche werden selbst Gesangslehrer. Ganz wenige werden Solisten.
Ich hätte mir dennoch gewünscht, dass mir zum Beispiel erklärt worden wäre: Wie kommt man an ein Vorsingen? Wie läuft das ab? Wie ist das mit den Agenturen? Muss man sich exklusiv an eine Agentur binden oder kann ich auch ohne Agentur arbeiten? Was ist ein Intendant? Wer macht die Besetzungen? Was sind Orchesterproben? Viel Lehrgeld müssen die Anfänger oft deshalb unnötig zahlen, weil sie nicht auf die Praxis vorbereitet wurden."

Jonas Kaufmann hat in München studiert. Nach dem Grundstudium wählte er Konzert- und Operngesang als Schwerpunkte. Er belegte weitere Fächer wie Repertoire-, Rollenstudium und Ensemblearbeit,

Tanzen und Fechten, Bühnenrecht und, und, und ... aber nur zwei Gesangsstunden pro Woche waren für die Studenten vorgesehen. Wer sich einen zusätzlichen Gesangslehrer nahm, konnte von der Hochschule ausgeschlossen werden. Der Grund:
Jeder Gesangslehrer arbeitet anders, da könnte es Konflikte geben.
Von der Hochschule aus gab es Aufführungen für die Öffentlichkeit, die gemeinsam mit den Regiestudenten intensiv erarbeitet wurden. Meist dauerte das ein halbes Jahr, bis man eine Partie, wie er sagt, „in die Kehle und in den Körper" bekam.
Nach den Erfahrungen im ersten Engagement aber stellte er ernüchtert fest, dass er auf die Realität des Opernbetriebs, vor allem auf das dort verlangte knappe Zeitmanagement und das Springen von einer Rolle in die andere, überhaupt nicht vorbereitet war.

Sören Eckhoff, Chorleiter an der Bayerischen Staatsoper, ist selbst auch als Hochschullehrer tätig und bestätigt, dass an deutschen Hochschulen dahingehend immer noch Nachholbedarf besteht. Deshalb möchte er eine Brücke schaffen zwischen Studium und Opernpraxis, indem er etwa Studenten in den Extrachor der Oper aufnimmt. So können sie Bühnenauftritte ‚üben'.

Christian Gerhaher ist inzwischen selbst auch als Lehrer an der Musikhochschule in München tätig. Er sieht folgendes Problem:
„Es wird zu viel Praxis und zu wenig allgemeine Bildung vermittelt. Das Studium muss Kunstinhalte auch theoretisch vermitteln, und zwar nicht nur in Form von Musiktheorie und Gehörbildung.
Es geht auch um die Inhalte der angrenzenden Künste, beim Sänger vor allem um die Literatur, denn man hat ja immer mit Texten zu tun, und die stammen schließlich nicht aus dem Kochbuch!"
Das mögliche spätere Berufsfeld für Sänger würde sich dadurch auch erweitern.

Wie gewinnt man Bühnenerfahrung?

Als Student muss man nur seinem Lehrer gefallen, den man gut kennt. Beim Vorsingen aber weiß man über seine Zuhörer in der Regel nichts. Es gilt jetzt, ganz selbstbewusst aufzutreten und allen zu zeigen: „Ich bin so! Dies ist meine persönliche Interpretation der Rolle! Wenn ich gleich den Tamino aus Mozarts ‚Zauberflöte' singe, dann möchte ich Gefühle transportieren und das Publikum mit meinem Gesang erreichen." Das ist ein ganz neuer Standpunkt.

Andreas Scholl erzählt von einem kritischen Moment bei der Arbeit mit seinen Studenten an der Musikhochschule in Mainz. Die Situation schien festgefahren. Es ging um die Frage, was eigentlich am meisten Angst macht beim Vorsingen:
Versagensängste? Die mögliche Kritik der anderen? Oder ist es die Verletzbarkeit, wenn man sein Innerstes durch die Stimme wirklich zeigt?

Da kam er auf die Idee, jeden ein einfaches, schon seit Kindertagen vertrautes Lied vorsingen zu lassen. Und zwar so intensiv und persönlich wie möglich. Mit geschlossenen Augen mussten sie sich in den Kreis der Mitstudenten stellen und ‚Der Mond ist aufgegangen' singen. Es gelang nicht sofort. Aber beim zweiten oder dritten Mal konnten einige plötzlich so viel von sich selbst in das Lied legen, dass die anderen fast zu Tränen gerührt waren. Ihre Stimmen und ihren intensiven Vortrag wird niemand so schnell vergessen.

Und genau darum geht es *Andreas Scholl*. Er fordert von seinen Studenten, dass sie dem Publikum Folgendes vermitteln: „Das, was ich sage, ist mir wichtig. Und ihr, die ihr im Publikum sitzt, seid mir wichtig." Noch etwas möchte er seinen Studenten mitgeben: ‚Schöngesang' darf nicht Selbstzweck sein.
Der Rausch, in den eine schöne Stimme versetzen kann, währt in der Regel nur kurz. Das Publikum braucht Substanz, Anregung zum Nachdenken, nicht zuletzt auch über sich selbst.
„Musik kündet von einer anderen Welt, sie lässt uns etwas davon ahnen", sagt *Andreas Scholl*. Das müssen auch die jungen Sänger transportieren können.

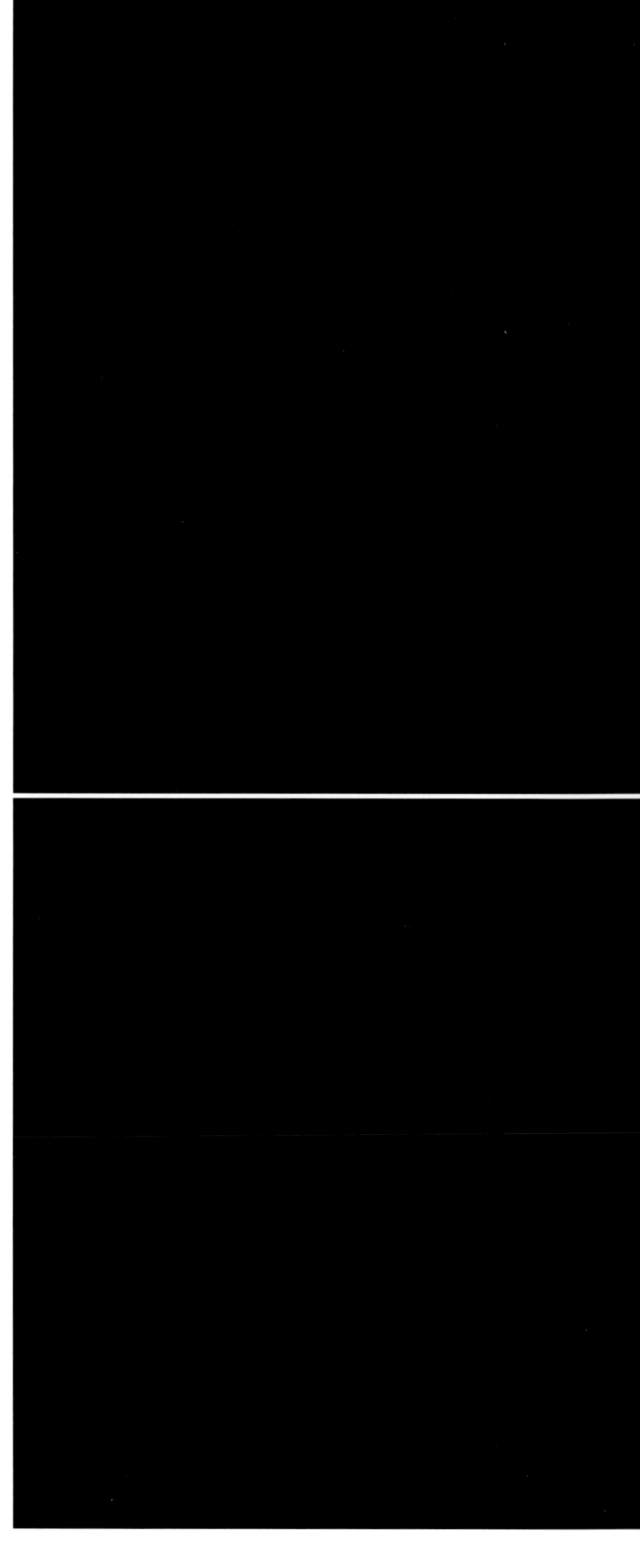

Sind Opernstudios das ideale Sprungbrett?

Große Opernhäuser wie diejenigen in Zürich oder München haben für Nachwuchssänger Opernstudios eingerichtet. Dort erarbeiten sie nach dem abgeschlossenen Studium und dem erfolgreichen Vorsingen eigene Aufführungen. Sie werden auch bei den laufenden Produktionen eingesetzt. In München sind es jeweils 10 junge Sängerinnen und Sänger, die für ein Jahr diese Chance erhalten. Einige von ihnen werden anschließend ins Ensemble übernommen, so wie es *Golda Schultz* aus Südafrika gelang. Sie wurde in New York, in Colorado und in Südafrika ausgebildet, bevor sie nach München kam.

Welchen Unterschied gibt es Ihrer Meinung nach zwischen der Ausbildung während der Studienzeit und derjenigen im Opernstudio?

„Hier ist es noch präziser. Es geht um eine Verfeinerung der Grundausbildung. Beides ergänzt sich."
„Ein Sänger zu sein", fügt sie hinzu, „ist ein wunderbarer Beruf, weil du dauernd die Dinge tust, die du so oder so tun möchtest." Und wechselt ins Englische: „If you get the chance to sing, you like to sing all the time." Jetzt hat sie jederzeit Gelegenheit dazu. Für die Aufführung des Opernstudios im Münchner Cuvilliés-Theater wurde ‚Das schlaue Füchslein' von *Leoš Janáček* ausgewählt. Sie sang darin zwei Tierrollen: den Fuchs und die Schopfhenne.

Helfen Maske und Kostüm dabei, sich in eine solche Rolle hineinzufinden?

„Oh yes! A lot, it really, really helps, because, in rehearsal, you are sometimes yourself in your head. And you look at what you do and you say: Oh, but I wouldn't do that! But the fox will do that." Zusammengefasst heißt das: „Bei den Proben ohne Kostüm siehst du dir selbst zu und sagst dir erstaunt: Ich selbst würde das niemals tun. Aber der Fuchs würde das tun! Wenn du dann dein Kostüm bekommst, musst du nicht mehr du selbst sein. Das erleichtert das Spiel!"

Haben Sie sich immer schon gern verkleidet?

„Ja. Ich habe mich gern verkleidet, habe die Schuhe meiner Mutter getragen, alles Material, was herumhing, verwendet und war immer der Superhero, der alle rettet, nicht die Prinzessin. I was always the great Superhero, always saving my toys which were in danger." Gern würde *Golda Schultz* die meisten ihrer Kostüme behalten, aber das geht nicht, denn diese gehören den Opernhäusern.
Die Spielfreude steht ihr ins Gesicht geschrieben, wenn sie von ihren Rollen erzählt. An die des Superhelden konnte sie anknüpfen, als sie in einer anderen Produktion einen Jungen spielen musste. „Das ist sehr interessant, ein Junge auf der Bühne zu sein. Und es ist sehr schwierig, weil Jungens anders gehen. Was ich und meine Freunde dann tun, ist, Jungen zu beobachten: Wir setzen uns an den Straßenrand und schauen Leuten beim Vorüberlaufen zu. Manchmal sagst du dann: Ah, dessen Gang mag ich oder mag ich nicht, seine Handbewegungen sind auffallend ... Du versuchst es dann nachzumachen. Aber dann denken die Leute auch manchmal, du bist seltsam, strange, weil du andere die ganze Zeit anstarrst." Jetzt wechselt sie bald wieder in ihre Muttersprache: „Einmal beobachteten wir eine Jungengruppe, walking up the street, and I was trying to copy the walk, and I ended up following them – and then one turned round and said: ‚Why are you following us? What's wrong with you?' I said: ‚I am so sorry' and I got to laugh and I ran away." Diese Jungen, deren Gang sie nachgemacht hatten, drehten sich also plötzlich um, stellten sie zur

Rede und fragten, was das Nachäffen solle. Da rannten die Mädchen lachend weg, nachdem sie sich entschuldigt hatten.

Gab es besonders lustige Erlebnisse auf der Bühne, an die Sie sich erinnern?

„Ja. Bei einer Aufführung der ‚Traviata' von Giuseppe Verdi hatte ich als einer der Festgäste ein Sektglas in der Hand. Wir sangen, tanzten und lachten. Und dann fiel ich von der Bühne ins Publikum. Aber das Glas brach nicht! Die Bühne war zum Glück nur so hoch wie ein Tisch."

Muss man voller Energie stecken, wenn man die Bühnenlaufbahn als Sänger wählt?

„Ja, man braucht viel Energie und daher viel Schlaf. Viel Gemüse, viel Obst helfen auch. Ich esse gern Obst, wenn ich mich für die Bühne fertig mache." Tägliches Üben, mindestens drei Mal 30 Minuten, kommen hinzu.

Wie wichtig ist der kontinuierliche Gesangsunterricht?

„Du brauchst einen wirklich guten Lehrer um herauszufinden, was du mit deiner Stimme machen kannst und was nicht. Du findest dann deine Stimme, your voice-type.
Das ist wie Fahrradfahren: Man beginnt mit einem Dreirad, dann kommt das Zweirad, und jeder wählt nach und nach ein anderes Fahrzeug. Mancher wird Rennradfahrer oder Mountainbiker. So wie es unterschiedliche Fahrräder und Fahrradfahrer gibt, gibt es unterschiedliche Stimmen und Sänger. Jede Stimme arbeitet anders. Man muss es ausprobieren."
Viele Bilder, die ihr ihre Lehrer bisher mit auf den Weg gaben, hat sie für immer behalten, etwa dasjenige von der Säule, in der sich der Atem regelmäßig bewegt. Diese Säule steht fest und gerade: Darin kann ihre Stimme auf- und niederklettern. „It stays strong and the voice can go easily up and down."
Ein anderes Bild, das ihr erster Lehrer ihr mitgab, war das Bild vom Tauchgang von einem Boot aus. Das Tauchen kennt *Golda Schultz* aus ihrer Heimat am Ozean sehr gut. Das Springen ins tiefe Wasser soll sie sich dann vorstellen, wenn sie einen besonders hohen Ton zu singen hat.
Also nicht zu einer hoher Note hinaufstreben, sondern sich hineinfallen lassen. Das ist das Geheimrezept, das der Note mehr Fülle gibt, weil sie tiefer im Körper klingen kann.

Widerspricht sich das nicht?

„When you want to sing high notes, what I used to imagine was that I am on a diving boat and I was jumping into the water. So, instead of thinking high, I think lower down, fall into the note rather than to jump up to the note. And then it makes the note sound more in the lower part of my body." Imagination, Einbildungskraft ist für Sänger eines der wichtigsten Mittel, um der Stimme Farbe zu geben.

Farbe? Mit welcher Farbe oder Blume würden Sie ihre Stimme vergleichen?

„Mit einer wunderschönen Tulpe in verschiedenen dunklen, tiefen Blautönen auf einem sehr zarten Stängel. I think of my voice as a really dark, rich blue flower but it's on a really tiny stem that's very delicate. You learn that your voice has to be such a precise thing and it has nothing else than the stem and the beautiful flower on the top. That's how I see it."
Vor dem Auftreten muss man sich einsingen, um die ‚Balance' dieser Blume zu finden: „Man kann nicht einfach lossingen."

Inzwischen hat Golda Schultz zunächst vom Opernstudio ins Ensemble gewechselt und ist nun ein gefragter Gast an den großen internationalen Bühnen.

**Golda Schultz (Der Fuchs) und Julia Maria Dan (Füchslein Schlaukopf)
in Leoš Janáček ‚Das schlaue Füchslein', Opernstudio der Bayerischen Staatsoper, München 2012**

Der Beginn der Weltkarriere von Golda Schultz als Sophie in ‚Der Rosenkavalier' von Richard Strauss bei den Salzburger Festspielen 2015, neben Krassimira Stoyanova (Marschallin) und Sophie Koch (Octavian).

Das erste Engagement

„Wenn du das überlebst, schaffst du auch alles Weitere." Aber wie?

Es war *Jonas Kaufmann*, dem jemand diese Worte mit auf den Weg zu seinem ersten Engagement in Saarbrücken gegeben hatte. Was war damit gemeint? Während in der Hochschule eine Partie über mehrere Monate einstudiert werden kann, mussten die Sänger hier in kürzester Zeit verschiedenste Rollen lernen und zwischen Oper, Operette und Musical wechseln. Folge dieser Überforderung war eine Stimmkrise: Während eines Auftritts auf der Opernbühne setzte seine Stimme aus. „Das war bei einer Aufführung von ‚Parsifal'. Ich sang die Partie des dritten Knappen ... Um mich herum lauter Wagner-Stimmen, und daneben wollte ich natürlich nicht wie eine Mücke klingen. Also habe ich ordentlich Stimme gegeben – und war nach wenigen Phrasen stockheiser. Ich machte den Mund auf, und es kam nur noch heiße Luft, die Stimme blieb einfach weg. Der Dirigent schaute mich völlig entgeistert an. Für einen Sänger ist das natürlich ein Albtraum." Das Warnsignal hat er ernst genommen, aber nicht aufgehört zu singen, wie es seine erste Idee war, sondern sich auf die Empfehlung eines Kollegen hin einen neuen Lehrer gesucht, um mit veränderter Technik den Bühnenalltag bewältigen zu können. Dies war der Amerikaner *Michael Rhodes*, der in den folgenden Monaten mehrmals pro Woche mit ihm übte.

Wie gelingt es, zu seiner ganz eigenen Stimme zu finden?

„Generell muss man darauf achten, dass die Kehle sich entspannt, der Mund richtig geformt und die Zunge nicht im Weg ist, das Zwerchfell nach unten zeigt und der Rücken gerade ist. Dann gibt es Resonanz, dann kann die Stimme frei strömen. Rein von der Körperhaltung her ist es also keine so schwierige Sache. Das Schwierige besteht darin, körperliche und seelische Blockaden zu überwinden. Man muss aufhören, an sich und seiner Stimme herumzudoktern, etwas singen zu wollen, was eigentlich gar nicht zu einem passt. Erst wenn man das begreift, hat man seine Stimme gefunden. Und dann geht es darum, sie zu verfeinern."

Die Technik, die er in drei Jahren bei *Michael Rhodes* lernte und verinnerlichte, verhalf ihm zu der „großen" Stimme, die ihm dann die Türen zu den größten Opernhäusern der Welt öffnete.

Auch *Anja Harteros* erzählt von schwierigen Anfängen und der Suche nach der eigenen Stimme.

Ganz früher „habe ich eine Zeitlang versucht, wie die Callas zu singen. Aber das war nicht meine Stimme, sondern das war etwas Nachahmendes.

Es ist schon erstaunlich, was man da mit der Stimme machen kann. Aber das Schönste ist es, wenn man die eigene Stimme findet."

Welche Hürden gilt es noch zu überwinden?

Sie berichtet über die Anfänge auf der Bühne: „Ich kann mich zum Beispiel an meine zweite Produktion erinnern: Es war ‚Der Wildschütz' von Lortzing und ich sollte auch die Premiere singen. Ich wusste gar nicht, dass die Premiere so wichtig ist und wollte lieber erst einmal zuschauen, aber das ging nicht. Bei der Klavierhauptprobe habe ich gemerkt: Ich kann das Stück noch gar nicht. Am Tag vor der Generalprobe habe ich es auswendig gelernt. Dann hat es irgendwie geklappt! Ich habe sogar ganz gute Kritiken bekommen. Ich hätte es gern gehabt, wenn man mir das Procedere vorher erklärt hätte: Bei einer Neuinszenierung hat man 6 Wochen lang Proben,

und in den letzten zwei Wochen sind die Endproben mit Orchester. Dann muss man die Rolle ganz genau beherrschen. Das wäre hilfreich gewesen."
Christian Gerhaher betrachtet sein erstes Engagement in Würzburg als eine nicht immer einfache Zeit, in der er aber viele Erfahrungen sammeln konnte, sozusagen als ‚Sänger im Praktikum' und vergleicht es mit dem früheren Ausbildungsabschnitt für Mediziner, dem ‚Arzt im Praktikum'.

Solist oder Chorsänger?

Beim Chor gilt: In der Regel verdienen die Chorsänger am Anfang mehr als die Solisten. Bei ihrer Vollzeittätigkeit können sie nicht hinzuverdienen. Den jungen Chorsängern werden an der Bayerischen Staatsoper Zweijahresverträge angeboten, weil man weiß, dass Stimmen sich erst entwickeln müssen. Wer also die Sicherheit und die Ruhe zum Rollenstudium braucht, um stimmlich alles geben zu können, der ist im Chor gut aufgehoben. Im Chor zu singen bedeutet eine hohe Verantwortung, denn es geht immer um den einheitlichen Chorklang und nicht um das solistische Hervortreten. Wer eine Unsicherheit zeigt, gefährdet das Ganze.

Diana Damrau im 7. Monat als schwangere Aminta mit weiteren Solisten und Statisten in ‚Die schweigsame Frau' von Richard Strauss, Bayerische Staatsoper, München 2010

Zürcher Singakademie in Claudo Monteverdi: ‚L'Orfeo', Münchner Opernfestspiele 2014

Wie werden Chorsänger ausgesucht?	Die Besetzung eines Opernchores erfolgt in der Regel so, dass den Agenturen freie Stellen gemeldet werden. Die einzelnen Agenturen, die die Sänger vertreten, schlagen geeignete Bewerber vor. Nach einer schriftlichen Bewerbung werden diese eingeladen. Es ist meist so, dass auf eine Stelle 60 bis 100 Bewerberinnen oder Bewerber kommen. Das ist allerdings in den Stimmgruppen unterschiedlich: Erste Tenöre findet man nicht so häufig, dagegen Mezzosopran sehr oft. Oft werden fünf, sechs oder sieben Mal jeweils fünf bis zehn Sänger zum Vorsingen eingeladen, bevor eine Stelle besetzt wird.
Wer bildet die Jury?	Der Chorleiter entscheidet zusammen mit seinem Stellvertreter, dem Chorvorstand und mit der Stimmgruppe, also beispielsweise mit allen Chorsängern, die Tenor singen.
Nach welchen Kriterien wird dabei ausgewählt?	Die Bewerber bereiten Pflichtarien vor. Wenn ein Chormitglied mit einer eher lyrischen Stimme den Chor verlässt, dann wird eine entsprechende Stimme gesucht, damit der spezielle Klang des Chores erhalten bleibt. Stellt man zudem fest, dass es Stimmen gibt, die im Alter nicht mehr so rund klingen, dann sucht man zugleich gezielt neue, junge Stimmen, die dieses Manko ausgleichen.
Wie sieht der Alltag eines Chorsängers aus?	Der Tag eines Chorsängers ist zweigeteilt. Szenische oder musikalische Proben finden am Vormittag statt. Am Abend ist Vorstellung. Hat der Chor spielfrei, dann folgen im Lauf des Tages nochmals musikalische oder szenische Proben oder auch eine Kombination aus beiden.
Wie viele Rollen/Partien muss jeder beherrschen?	Die Bayerische Staatsoper gehört zu den größten Opernhäusern der Welt mit einem Repertoire von 40 bis 50 Opern, die ständig gespielt werden könnten. Es laufen davon in der Regel vier bis fünf Produktionen in einem Monat parallel. Wiederaufnahmen eines großen Werkes kommen hinzu, die nochmals extra vorbereitet werden müssen. Daraus folgt: Neue Sänger können in der Regel das Repertoire noch gar nicht vollständig beherrschen.

Patricia Petibon in Giuseppe Verdi: ‚Rigoletto', Bayerische Staatsoper, München 2012

Wie lernen neue Sänger das große Repertoire?	Die noch fehlenden Opern werden mit ihnen vor und nach den regulären Proben einstudiert.
Wer übernimmt diese zusätzliche Proben?	Der Studienleiter, der Repetitor, der Chorleiter oder sein Stellvertreter.
Wie lange übt der Chor vor einer Premiere?	In der Regel beginnt man etwa 3 Monate vor einer Premiere mit den musikalischen Proben und 5 bis 6 Wochen vorher mit den szenischen Proben. Über die Aufführung selbst informiert ganz zu Beginn das Regie- und Produktionsteam. Die Chorsänger erhalten nicht nur das jeweilige Notenmaterial, sondern vom Dramaturgen auch ausführliche Erläuterungen zum Werk. Wenn eine Uraufführung bevorsteht, muss sie etwa ein Dreivierteljahr vorbereitet werden. Dazu gehören auch Gespräche mit den Komponisten wie etwa mit *Jörg Widmann* für ‚Babylon'. Das alles muss immer parallel zu den täglichen Vorstellungen erfolgen.

Eine Alternative zur Oper: Chorsänger im Rundfunkchor des Bayerischen Rundfunks

Ausgefallenes, Seltenes, Vergessenes – und was singt ein Sänger noch in einem Rundfunkchor?

Eigentlich alles: Von Oratorien bis zu Filmmusik, von Alter Musik bis zu zeitgenössischen Kompositionen. *Susanne Karadag* berichtet Folgendes über das Einstudieren eines Auftragswerks von einem griechischen Komponisten, Jahrgang 1974.

Die fremde Sprache war eine Herausforderung, die die Sänger gemeinsam mit dem Komponisten meisterten. Das Werk selbst stellte hohe Anforderungen: Es war in 8 Stimmen eingeteilt, die komplexe Rhythmen gegeneinander singen mussten, und das mit äußerster Präzision. Nur dann konnte das komponierte Chaos deutlich werden. Es kam dabei auf eine gute Technik an. So musste beispielsweise auf Vokale stoßweise nicht nur ausgeatmet, sondern auch eingeatmet werden.

„Das ist nicht angenehm für die Stimme. Sie kann auch sehr schnell müde werden bei abgerissenen Stimmlinien und großen Intervallen. Da muss jeder eine ausgeklügelte Technik anwenden, um seiner Stimme nicht zu schaden." Auch der Chorleiter passt auf seine Sänger auf. „Grundsätzlich ist es so, dass auf eine Stunde Singen eine Viertelstunde Pause folgt, damit sich die Stimme erholen kann. Die Chorproben dauern maximal 3 Stunden pro Tag, nur bei Generalproben können sie länger dauern."

Und wie bereitet man sich vor allem auf so ein kompliziertes Werk vor?

„Zu Hause spiele ich mir die Intervalle am Klavier vor. Dann wird das Stück vertraut."

Die Mitglieder des Rundfunkchors wechseln zwischen Aufnahmestudios und verschiedensten Aufführungsorten. Spannend sind etwa die Auftritte beim Open-Air-Konzert auf dem Münchner Odeonsplatz, der die Akustikspezialisten besonders herausfordert.

Dazu kommen die Reisen, die den Chor nicht nur häufig nach Salzburg zu den Festspielen führen, sondern auch in weite Ferne wie etwa nach Japan.

Fazit:

Die Chorsänger- und Solistenlaufbahn unterscheiden sich in Bezug auf die G̲a̲g̲e̲, die S̲i̲c̲h̲e̲r̲h̲e̲i̲t̲ des Arbeitsplatzes und den Z̲e̲i̲t̲r̲a̲h̲m̲e̲n̲ für das Rollenstudium.

Solistendasein an der Oper

Vor den Proben:
Wie lernt man seine Rolle?

Der Alltag eines Sängers ist langweilig! Oder?

„Der Alltag ist wenig spannend!" sagt *Joseph Calleja* einem Filmteam, das die Vorarbeiten zu einer Neuinszenierung von Verdis ‚Rigoletto' einfangen will. Es ist vielmehr ein recht mühseliges und eher langweiliges Leben mit Lernen und Proben fast jeden Tag und mit vielen Verboten: Man darf nicht ausgehen, wann man will, darf keinen Alkohol trinken und muss den Abend vor einer Aufführung ruhig verbringen.

Was macht ein Korrepetitor?

Wenn ein Solist fest an einem Opernhaus engagiert ist, also Mitglied in einem Ensemble, gibt es einen Studienleiter, der kontrolliert, wie weit die Sänger schon ihre Rollen beherrschen. Er legt entsprechend fest, wie viele Korrepetitionsstunden sie erhalten. ‚Korrepetition' heißt: Ein Pianist sitzt am Klavier und übt mit dem Sänger das Stück ein. *Anja Harteros* fasst zusammen: „Auswendig lernen, singen und schauspielern muss der Solist dann allein. Da hat man schon sehr, sehr viel Verantwortung."

Müssen freiberuflich arbeitende Solisten ganz alleine ihre Rolle lernen?

„Seit ich freiberuflich tätig bin, steht in meinem Vertrag: Ich muss mit vollständig studierter Partie zu den Proben antreten. Das heißt, wenn es noch 6 Wochen bis zur Premiere sind und ich singe das Stück zum ersten Mal, muss ich es vorher auswendig gelernt haben und auch singen können."

Wie viel Zeit braucht das Erlernen einer Partie? Und wie geht man beim Lernen praktisch vor?

„Meistens ist es so", erklärt *Anja Harteros*, „dass ich erst einmal den Klavierauszug lese, so oft, wie es geht und auch am Klavier die Stücke spiele, so gut ich es kann. Ich bin ja keine Pianistin. Wenn es sehr schwer ist, dann beschränke ich mich auf meine Melodie und meinen Rhythmus und auf meinen Text. Und das alles muss man Satz für Satz lernen.
Es ist sehr viel Arbeit, bis man mal eine Seite sicher kann. Wenn eine Oper fünf Stunden dauert, sind das vielleicht dreihundert Seiten. Man muss dann sehr viel lernen, oft ein Jahr lang oder mehr. Aber die Musik hilft ja beim Einprägen."

Wie lang dauert es, bis man 300 Seiten auswendig gelernt hat?

„Das kommt auf das Stück und auf die Musik an. Wenn sie sehr eingängig, sehr melodiös ist, dann geht es manchmal schneller und seltsamerweise geht es auch schneller, wenn es keine Wiederholungen gibt.
Viele Wiederholungen finden sich bei Mozart oder bei Händel. Das ist ja noch die ganz alte Form der Opern. In einer Arie hat man zum Beispiel nur drei Sätze: ‚Jetzt liebe ich ihn. Jetzt hasse ich ihn. Jetzt liebe ich ihn wieder.' Den Text kann man innerhalb von Sekunden auswendig lernen. Aber dazu haben die Komponisten Musik geschrieben, die 5 Minuten lang dauert. Und das heißt: Man hat nicht nur eine Melodie auf einen Satz, sondern man hat diesen Satz in ganz vielen Variationen zu singen. Das ist unheimlich schwer, weil man dann genau wissen muss: Welche Variation kommt wann? Dabei kann man sich z.B. mit Bewegung helfen. Wenn ich das endlich auf der Bühne singe mit Bewegung, dann kann ich mir merken: Beim ersten Satz stehe ich hinten. Auf den zweiten Satz mache ich einen Gang nach vorne. Bei dem dritten Satz stehe ich immer noch vorne, aber an einer anderen Stelle. Und dann mache ich eine Rolle rückwärts oder etwas Ähnliches und singe den vierten Satz. D.h. man kann sich durch das Spiel und die Bewe-

Angela Brower (Cherubino), Adriana Kucerová (Susanna), Anja Harteros (La Contessa di Almaviva) in W.A. Mozart: ‚Le nozze di Figaro', Bayerische Staatsoper, München 2009

**Gott,
welch
Dunkel
hier**

gung helfen. Außerdem ist nicht alles so kompliziert. Und man gewöhnt sich an alles!"

Auch *Golda Schultz* gestand, dass der Lernprozess sehr langwierig und schwierig ist. Sie lernt erst die Noten, dann schreibt sie den Text auf, weil sie ihn so schneller behält. Und sie wiederholt ihn überall, im Zug, unter der Dusche ... Und wenn sie etwas vergessen hat, dann unterbricht sie das Duschen auch mal rasch, schaut im Text nach und springt dann erst wieder unter das warme Wasser. „Sometimes you stand in the train, saying the lines, sometimes standing in a shower, you try to memorize, you forget something, you jump up the shower to find the music, get back in the shower ... It's very difficult and very long, but it's fun!"

Feinarbeit: Es geht um jede Silbe! Warum?

Singen und Sprechen ist nicht das Gleiche. *Jonas Kaufmann* erläutert es: „Ich benutze leicht anders gefärbte Vokale, also Selbstlaute, um singen zu können und dabei verstanden zu werden."

Er fährt fort: „Das hängt mit der Länge eines Tones zusammen. Wenn ich normal spreche, würde ich nie irgendeinen Teil eines Wortes wahnsinnig lang anhalten, sondern rede in einem natürlichen Fluss. Aber Komponisten haben Musik geschrieben, bei der man anders als beim Sprechen ganz lange Töne oder plötzlich sogar mehrere Töne auf eine Silbe singen muss."

Als Beispiel führt er den Anfang der Arie des Florestan in Beethovens ‚Fidelio' an: „Gott, welch Dunkel hier." Sowohl das o in Gott als das u in Dunkel werden normalerweise kurz gesprochen. Aber Beethoven hat lange Töne dazu geschrieben. Lang gesprochen wirkt das lächerlich und fremd: ‚Gooooott' oder ‚Duuuuunkel'. Aber ein Sänger muss sich an die Komposition halten.

Um die unübliche Aussprache dieser beiden Vokale zu kaschieren, also zu verbergen, ‚färbt' er sie: Er öffnet die Vokale o und u mehr und schließt das kurze e in der zweiten Silbe von Dunkel stärker als sonst. Das Öffnen und Schließen bezieht sich hier auf den Mundraum.

Ein anderes Beispiel ist der Text der drei Knaben in der ‚Zauberflöte' von Mozart.

Sie singen: ‚Bedenke dies: Kurz sei ein Mann!' Mozart hat aber gerade für das Wort: ‚Kurz' eine halbe Note geschrieben, also eine lange Note! Damit man das aber überhaupt verständlich singen kann, helfen sich viele

Solisten des Tölzer Knabenchores (Die drei Knaben) in W.A. Mozart ‚Die Zauberflöte', Bayerische Staatsoper, München 2004

Sänger damit, dass sie ein stimmloses s zwischen die beiden ersten Wörter einbauen: ‚Kurz-s-sei' und damit die Lücke ausfüllen, die eigentlich entstehen würde.
Zu deutlich darf man Konsonanten nicht aussprechen, sonst hört der Zuhörer nur ein Geknatter.
Allerdings: Bei langen Phrasen ist es manchmal hilfreich, ein d oder t deutlich zu formulieren. Dann ‚fällt' danach der Atem ganz natürlich in den Körper, ohne dass man hörbar unterbrechen muss.
Also hat es keinen Sinn, vom überdeutlichen Sprechen auszugehen, sondern jede Silbe zu bedenken und zu erproben. Und das ist gerade auch dann notwendig, wenn es die eigene Muttersprache ist. *Jonas Kaufmann* fasst es zusammen: „Da ist man fast gleichgestellt mit einem Nicht-Muttersprachler. Er kann am Ende fast genauso gut Deutsch singen wie ich. Verstehen kann ich es besser – aber das ist wieder etwas anderes!"

Die Probenphase

Wie viele Wochen dauern Proben?

„Bei Neuinszenierungen ist es generell so," erklärt *Anja Harteros*, „dass man 6 Wochen vor der Premiere ein Konzeptionsgespräch hat, zu dem der Regisseur und der Bühnenbildner, der Kostümbildner, die Dramaturgen kommen, auch der Chor und alle, die mit diesem Projekt beschäftigt sind. Der Regisseur hält einen Vortrag über sein Konzept. So ist es im Idealfall.
Dort sieht man auch ein Bühnenmodell z.B. mit Wänden, die verschoben werden können. Es ist wie ein Puppenhaus mit kleinen Püppchen, die beispielsweise die verschiedenen Personen aus der Oper ‚Otello' von Giuseppe Verdi darstellen. Dann wird erläutert: Die Ermordungsszene findet hier auf dem Bett statt. D.h. man kann es uns schon ein bisschen zeigen, wo und wie sich die Handlung abspielen soll.
Es gibt Entwürfe vom Kostümbildner, seine Zeichnungen: die Figurinen. Dann sieht man: So sollen die Gewänder der Desdemona, der Frau des Otello, aussehen. Die Figurinen sind meist als sehr dünne Gestalten gezeichnet, sodass man sich manchmal fragt, ob das bei einer dicken Sängerin auch passend ist." Manchmal hat man auch vor den Proben schon Gelegenheit, mit dem Regisseur zu sprechen oder sich das Bühnenmodell anzuschauen, aber in der Regel ist alles top secret!

Wie laufen Proben ab?

„Man hat jeden Tag mehr oder weniger Proben, je nachdem, wie man eingeteilt ist. Die Rollen sind ja unterschiedlich groß, und man ist ja auch nicht in jeder Szene anwesend. Grundsätzlich ist es so, dass jeden Tag 2 mal 4 Stunden geprobt wird, morgens von 10 Uhr bis 14 Uhr und dann von 17 Uhr bis maximal 22 Uhr. Dazu kommen noch die Kostümproben und manchmal die musikalischen Proben.

Wir erhalten immer einen Tagesarbeitsplan. Er ist am Vortag ab 14 Uhr erhältlich. Ich muss ihn immer sehr genau lesen und schauen: Wo steht mein Name?

Der Plan ist sehr umfangreich, denn es werden an einem Opernhaus ja viele verschiedene Stücke gleichzeitig geprobt. Wenn man eine Probe übersieht und verpasst, ist das nicht so günstig. Und wenn man Solist ist, fällt das sehr unangenehm auf."

Was ist für Sie bei der Probe das Wichtigste?

Jonas Kaufmann steht in einer Probenpause zu ‚Fidelio' Rede und Antwort:

„Bei einer Probe kommt es darauf an, eher zu organisieren, als wirklich Kunst zu machen. Man versucht, sich alle Unwägbarkeiten zu überlegen und aus dem Weg zu räumen. Nur dann hat man in der Aufführung den Kopf frei und kann sich wirklich ganz spontan in die Rolle, die man darstellen soll, hineinleben – und auch die Musik entsprechend interpretieren, ohne dass die Konzentration auf das Wesentliche, nämlich den Inhalt, verbaut wird." Bei Proben geht es insgesamt darum, sich den technischen Ablauf einzuprägen. „Die Pausen sind", so erläutert es *Jonas Kaufmann*, „ausgefüllt mit Fototerminen, Anproben, technischen Proben und Interviews. Wenn ich nichts zu tun habe, setze ich mich in die Kantine oder gehe ein Eis essen oder etwas einkaufen – aber das kommt leider nicht sehr häufig vor!"

Muss man bei einer Probe mit seiner vollen Stimme singen?

Es gibt robustere und weniger robuste Stimmen, die geschont werden müssen. *Jonas Kaufmann* erklärt: „Ein Sänger ist bei Proben ohne Orchester vertraglich nicht dazu verpflichtet, mit seiner richtigen, vollen Stimme zu singen. Er kann auch markieren. Markieren heißt, man kann leiser oder bei den hohen Tönen eine Oktave tiefer singen." Auf jeden Fall muss man sich auch bei einer Probe vorher unbedingt einsingen.

„Ich schade mir mehr, wenn ich eine Probe falsch markiere und nur halb singe, ohne dass die Stimme warm ist, als wenn ich mich wirklich aufwärme und jeden Tag alles durchsinge."

Sind Sie die ganze Zeit bei Proben vor Ort oder haben Sie auch zwischenzeitig ein anderes Engagement?

Anja Harteros sagt hierzu: „Das kommt auch vor. Ich hatte z.B., als die ‚Lohengrin'-Aufführung an der Scala vorbereitet wurde, hier in München zu singen. Ich musste also während der Proben von Mailand nach München kommen. Aber bei einer Neuinszenierung ist es gut, wenn man vor Ort ist.
Man muss bei der Planung seiner Termine auch die Stücke berücksichtigen. Wenn ich ‚Lohengrin' in Mailand singe und zwei Tage später hier ‚Figaros Hochzeit', dann muss ich mir überlegen, ob ich das kann und ob ich das auch möchte: Die Partien von Wagner und Mozart sind ja sehr unterschiedlich. Vernünftiger wäre es zu sagen: Dann plant man dazwischen lieber eine Woche Pause oder besser noch zwei, weil man anders singen muss."

Werden Proben bezahlt?

Es ist nicht an allen Opernhäusern außerhalb Deutschlands selbstverständlich, dass Proben bezahlt werden. Die Sopranistin *Elisabeth Kulman* hat den Finger auf die Wunde gelegt, als in Salzburg die Proben für die Festspiele nicht mehr bezahlt werden sollten. Wie aber, so fragte sie, sollen die freiberuflich arbeitenden Sänger ihre Reise und den nicht gerade billigen mehrwöchigen Aufenthalt in der Stadt finanzieren?
Nur wenn sie nicht krank werden und auftreten können, verdienen sie pro Auftritt etwas.
Wie schlecht viele Künstler bezahlt werden, wurde und wird durch die Einrichtung einer Facebook-Seite offenkundig, auf der nicht nur Musiker ihr Leid klagen. *Elisabeth Kulman* setzt sich engagiert dafür ein, dass junge hochbegabte Künstler eine faire Chance bekommen und nicht am Existenzminimum leben müssen. Selbstverständlich ist das heute nicht mehr.

Der Tag des Auftritts

Ist jede Aufführung etwas Besonderes?

„Jede Aufführung ist eine Neuentdeckung!" sagt ein Dirigent der Wiener Staatsoper.
Es steht immer die Frage im Raum: Wie wird sich das Stück an diesem Abend entwickeln?

Wie bereitet man sich am Tag selbst auf die Aufführung vor?

Viele Sänger erzählen von Ritualen, die sie am Tag einer Aufführung einhalten.
Dazu gehören so lustige, wie sie *Christian Gerhaher* schmunzelnd in einem Publikumsgespräch zum Besten gab: Am Tag der Aufführung trägt er grundsätzlich einen alten Trenchcoat. Als er trotz Hitze einmal in Barcelona mit Mantel und Schal in ein Taxi stieg und den Fahrer auch noch bat, das Fenster zu schließen, wurde dieser regelrecht aggressiv. Er hat ihn fast zusammengeschlagen wegen dieser verrückten Wünsche! Natürlich ahnte er nicht, dass er da einen Sänger im Auto beförderte, dessen Feind zugige Fenster sind und Aufregung! Neben Kleidungsstücken sind es auch besondere Speisen, die zum Aufführungstag gehören können, wie etwa Nudelgerichte, nicht nur zeitweise bei *Christian Gerhaher*, sondern immer auch bei *Luciano Pavarotti*. Er war dafür bekannt, dass er seine eigene Ausstattung für die perfekte italienische Nudelküche mitbrachte.
Außerdem trug er nach Möglichkeit breite Gürtel wie sie zu einem Frack oder Smoking gehören, einen sogenannten Kummerbund, der auch den Zweck hatte, ihn die Zwerchfellbewegungen wahrnehmen zu lassen.
Golda Schultz telefoniert immer mit ihrer Mutter, wenn sie aufgeregt ist vor einem Bühnenauftritt.
„She is used to get strange calls from me from different countries: ‚I am nervous, please help me!'
And she will call me to calm down and drink a glass of water and to tell her what the problem is. So I talk to my mother and sometimes the problem goes away. And then I am fine and then I go warm up and then on stage. So my mother is my biggest help, support."
Anja Harteros erzählt: „Ich versuche zunächst einmal, die Nacht zuvor sehr gut zu schlafen. Das klappt nicht immer, denn manchmal ist man so aufgeregt, dass man

nicht schlafen kann. Am Vormittag des Auftrittstages schaue ich nochmal den ganzen Klavierauszug durch, d.h., die ganze Rolle von vorne bis hinten, sodass ich wirklich die Noten nochmal lese, mir den Text vorsage und mir auch vorstelle, was ich auf der Bühne zu machen habe. Das dauert etwa 2 Stunden. Danach gehe ich meistens spazieren an der frischen Luft.
Ich esse etwas Leichtes, etwas, was mir gut bekommt und mir Kraft gibt – also keine Packung Pommes, die schwer im Magen liegt!
Dann lege ich mich etwas hin, trinke eine Tasse Tee und sage mir: Nicht aufregen! Es wird schon alles gut!"
Christian Gerhaher braucht den ganzen Tag über Ruhe. Er mag nicht einmal ein Buch lesen.
Jonas Kaufmann erzählt: „Gott sei Dank ist es in den meisten Fällen so, dass man am Tag einer Aufführung nicht auch noch proben muss. Da kann man ausschlafen, relativ spät frühstücken und sozusagen den Tag anders einteilen, weil man ja am Abend, wenn die anderen schon müde werden, so richtig leistungsfähig sein muss – und

deshalb so ein bisschen seine Zeiteinteilung verschieben muss Richtung Abend."

Wie wärmt man die Stimme auf?	Eine allgemeine Regel gibt es dafür nicht. Jeder Sänger stimmt seine Übungen auf seine eigene Stimme und die Rolle ab. Das können vor dem Auftritt Tonleitern oder Vokalisen oder Teile der Partien sein. Wie beim Sport kommt es auf die Regelmäßigkeit an, mit der die Muskeln aufgebaut und trainiert werden. „Deshalb singe ich auf jeden Fall jeden Tag, nicht viel, das können 20 Minuten sein, einfach damit das Instrument bewegt bleibt und trainiert ist. Sogar am Tag nach einer Aufführung muss man wieder ein bisschen singen, um die Muskeln noch einmal zu bewegen und zu durchbluten, damit sie sich besser regenerieren können." *Jonas Kaufmann* fasst zusammen: „Das ist so: Wenn ich 10 Tage gar nicht geübt habe, dann braucht das 3 Tage Training, bis ich eine Vorstellung wieder richtig singen kann. Ich kann also nicht aus dem Urlaub kommen und sagen: So, jetzt geht's los. Das geht nicht. Und das ist ja bei einem Sportler auch so. Der würde bei einem Lauf nach der Hälfte die Zunge raushängen lassen und sagen: ‚Ich kann nicht mehr!' Weil er nicht trainiert hat."
Hilft Schweigen vor einer Aufführung?	Es gibt Sängerinnen und Sänger, die vor einer Aufführung mehrere Tage schweigen, nicht einmal sprechen, und dann direkt in die Aufführung gehen. Es zählt in diesem Beruf ganz besonders auch die jahrelange Erfahrung, was dem eigenen Instrument gut tut oder schadet.
Was haben Yogaübungen mit der Stimme zu tun?	*Jonas Kaufmann* macht vor einer Aufführung Yoga. Im Interview wurde er gefragt, was das mit dem Singen zu tun habe. Er erklärt es so: „Direkt hat Yoga nichts mit der Stimme zu tun, aber Yoga ist eine Art Sport, den man ohne Hilfsmittel in der Garderobe machen kann. Damit kann man sehr schnell den Körper aufwecken, alles dehnen und bewegen. Und die Übungen werden immer mit der Atmung kombiniert: Man atmet dabei bewusst ein und aus. Dabei wird alles auch aufgeweckt und aufgewärmt: Die Atemhilfsmuskulatur – das ist alles, was wir zwischen

den Rippen haben – und das Zwerchfell, das hilft, den Atem anzusaugen.
Das ist sehr wichtig, bevor man sich an die beiden Stimmbändchen wagt, denn unsere Stimme ist eigentlich ein sehr kleines Organ, und wenn das diesen großen Klang erzeugen soll, dann muss alles mithelfen. Da ist der ganze Körper dabei, diesen Klang zu verstärken.
Es ist wichtig, den Körper warm zu machen, sodass er bereit ist, die Stimme zu unterstützen."

Wie gehen Sänger mit Aufregung um?

Jonas Kaufmann ist sehr wenig aufgeregt. Deshalb, so sagt er, kommt er immer sehr knapp zu einer Aufführung. Durch den Stress, pünktlich das Opernhaus erreichen zu müssen, steigt der Adrenalinspiegel – und das braucht jeder Sänger, bevor er mit voller Spannung, auch Körperspannung, auf die Bühne tritt.
„Sind Sie vor einer Aufführung aufgeregt?" wurde auch *Anja Harteros* gefragt. „Ja, schon. Natürlich – immer etwas. Ich bin jetzt nicht das totale Nervenbündel, aber es ist halt etwas anderes, wenn man weiß, dass man am Abend vor 3000 Leuten stehen und singen muss: Da ist der ganze Tag nicht normal."

Was hilft gegen Aufregung?

Manche Musiker gefährden ihre Karriere dadurch, dass sie nicht nur Lampenfieber, sondern lähmende Auftrittsangst haben und dadurch ihr wahres Können nicht zeigen können. Vielleicht hat das bei manchen etwas mit dem Anspruch zu tun, den sie von Kindheit an entwickelt haben: keine Fehler zu machen, sondern perfekt sein zu müssen.
Es gibt gegen die Angst extra eine Lampenfieberambulanz am Universitätsklinikum in Bonn. Spezialisten, die mit Musikern aus aller Welt arbeiten, finden sich auch an den Universitäten Zürich, Freiburg oder an der Musikhochschule in Hannover.
Neurofeedback ist z.B. eine inzwischen weit verbreitete Methode, um Angstreaktionen zu ersetzen. Ein Patient bekommt im Versuch entspannende Bilder zu sehen oder Töne zu hören und lernt, sie wachzurufen, sobald ihm sein Körper Angst signalisiert. Die Angstreaktionen werden auf die Dauer überlagert und verschwinden, wenn die neuen Bilder bzw. Töne verinnerlicht, gelernt worden sind.

„Bitte auf die Bühne!"

Wie verbringen und erleben Sänger die letzten Minuten vor dem Auftritt?

Da jede Opernbühne spezielle Maße hat, gehen viele Opernsänger oder Tänzer im letzten Moment nochmals über die Bühne, um sich ihre Bewegungsabläufe in Erinnerung zu rufen. Die große Wagnersängerin *Waltraud Meier* sagte dem Dirigenten und den Kollegen „Toi toi toi!", nahm ihre Stimmbonbons und ging zur Bühne. „Ich mag es, schon vorher etwas Bühnenluft zu schnuppern." Im Interview fährt sie fort „Im Grunde ‚denke' ich meist schon als die Figur, die ich darstelle." *Patricia Petibon* empfindet die letzten Momente wie ein schwarzes Loch. Sie weiß nichts mehr, nur, dass sie gleich singen muss.

**Christian Gerhaher (Prinz von Homburg) in H.W. Henze:
‚Der Prinz von Homburg', Theater an der Wien, Wien 2009**

Und wenn sich der Vorhang hebt?	Für *Patricia Petibon* ist es ein Moment, in dem sie sich wie von einem Meer überwältigt fühlt. Die Kraft, die dann wie geballt auf sie zukommt, muss sie annehmen und bereit sein, alles, was sie als Mensch ist und was sie über ihre Rolle herausgefunden hat, dem Publikum weiterzugeben.
Und dann? Wie kommen die Gefühle in die Stimme?	*Jonas Kaufmann* steht Rede und Antwort: „Die meisten Gefühle muss man selber schon einmal empfunden haben. Also: Ich kann nichts nur für eine Oper erfinden. Das geht nicht, das glaubt mir keiner. Das müssen schon echte Gefühle sein. Sie sind es, die ein Publikum berühren." Und er erinnert an die Erfahrungen, die jeder mit seiner Stimme macht: „Wenn Du traurig bist, dann klingt deine Stimme matt. Und wenn du fröhlich bist, dann ist sie ein bisschen höher, oder wenn du aufgeregt bist, dann wird die Stimme zittrig. Es gibt ganz viele Gefühle, die man aus der Stimme heraushören kann. Das liegt daran, dass die Stimme ein Instrument in uns ist und sich je nach Gefühlslage verändert. Als Sänger ruft man die Gefühle in sich hervor, während man singt und dadurch verändert sich die Stimme. Das ist das, was man als Zuhörer spürt. Dann ziehen die Leute im Publikum ihre Taschentücher heraus und beginnen zu weinen, weil es so traurig ist." *Jonas Kaufmann* führt als Beispiel die Rolle des gefangenen Florestan in Beethovens ‚Fidelio' an: „Natürlich bin ich selber noch nie in Gefangenschaft gewesen, über Jahre, bei Wasser und Brot und hab mit dem Leben abgeschlossen wie dieser arme Kerl. Aber eine Traurigkeit, eine Trauer, eine Verzweiflung, die kann ja auch aus ganz anderen Situationen entstehen. Das sind die Gefühle, die man sucht. Beethoven hilft einem da sehr. Er hat eine große, lange Musik geschrieben für die Momente vor der Arie. Und diese Musik ist düster und so traurig, dass man einfach schon, wenn man zuhört, in dieses Gefühl der Verzweiflung hineinrutscht. Das ist unglaublich. Und ich hab das Glück als Sänger: Ich hör das ja! Wenn ich mich darauf einlasse, dann bin ich beim ersten Ton bereit." Viele starke Gefühle gilt es auf der Opernbühne komprimiert auszudrücken: von Angst, Aggression, Hass, Panik, Trauer, Hoffnungslosigkeit, Verzweiflung bis zu überschäumender Fröhlichkeit und inniger Liebe.

Starke Gefühle:
Christian Gerhaher (Papageno) in W.A. Mozart:
‚Die Zauberflöte', Bayerische Staatsoper, München 2014

Anja Harteros (Violetta) in Giuseppe Verdi:
‚La Traviata', Bayerische Staatsoper, München 2005

Jonas Kaufmann (Don Carlo), Anja Harteros (Elisabetta),
in Giuseppe Verdi: ‚Don Carlo', Salzburg 2013

**Alex Esposito (Leporello), Mariusz Kwiecień (Don Giovanni)
in W.A.Mozart: ‚Don Giovanni', Bayerische Staatsoper, München 2015**

Szene aus Giacomo Puccini: ‚Turandot', Bayerische Staatsoper, München 2014

"Das Extrem ist die Normalität in der Oper", fasst *Diana Damrau* zusammen.

Sind Bühnenauftritte auch sportliche Höchstleistungen?

Allein die körperliche und mentale Leistung des Singens selbst ist eine Höchstleistung. Hinzu kommen atemberaubende Regieeinfälle, die das Singen zusätzlich erschweren:
Treppensteigen, Kletterpartien, das Liegen auf einem Sofa mit herunterhängendem Kopf oder Messerstechereien auf einem Podest, dazu viele Wege auf der Bühne, die der Choreograph festlegt wie bei einem Ballett.
Als Beispiel kann der Auftritt als ‚Don Carlo' bei den Salzburger Festspielen dienen: Bei Außentemperaturen von über 30 Grad musste *Jonas Kaufmann* in einem Pelzmantel und einem wattierten Lederwams erscheinen. Hinzu kam auf der Bühne auch die Hitze der Scheinwerfer. "Da weiß man hinterher, was man getan hat!" stellt er schmunzelnd fest. Dass er immer eine Flasche Wasser mit Salz dabei haben muss, ist unerlässlich, wie bei einem Sportler.
Dorothea Nicolai, langjährige Direktorin der Abteilung Kostüm und Maske der Salzburger Festspiele, weiß aus Erfahrung: "Jede Aufführung bedeutet eine große körperliche Anstrengung, bei der fast jeder zwangsläufig ins Schwitzen gerät. Damit die Illusion nicht gestört wird, die Illusion, dass alles auf der Bühne fast mühelos und ganz leicht passiert, dürfen Kostüme aber keine Schweißflecken zeigen.
Die Unterwäsche etwa spielt da eine Rolle. Wenn Don Carlo seinen Fellmantel oder sein Wams auszieht, darf darunter kein schweißnasses, am Körper klebendes Baumwollhemd zum Vorschein kommen. Da greifen wir auf Materialien aus dem Hochleistungssport zurück, etwa auf Unterwäsche, die Sportler beim Radrennen tragen. Diese Hemden transportieren den Schweiß nach außen und sind sehr angenehm zu tragen.
Wir achten auch darauf, wie lange jemand ein schweißtreibendes Kostüm tragen muss. Die Lösung in ‚Don Carlo' besteht beispielsweise darin, dass *Jonas Kaufmann* den Fellmantel auszieht und ihn als Unterlage für die Königstochter auf dem Boden ausbreitet.
Und wir versuchen natürlich immer, die Kostüme so leicht wie möglich zu arbeiten", fügt *Dorothea Nicolai* erklärend hinzu.

Und wenn alles vorbei ist?

Springt man einfach aus seiner Rolle?

Anja Harteros erzählt im Interview: „Ich habe vorgestern Vorstellung gehabt und war gestern und vorgestern noch sehr müde. Weniger stimmlich müde, sondern erschöpft. Singen ist auch eine mentale Leistung. Ich habe ‚Otello' gesungen, ein ganz, ganz tolles Stück, das ursprünglich Shakespeare geschrieben hat.
Es handelt von einem Mohren, einem Schwarzen, der mit einer Frau namens Desdemona verheiratet ist. Diese Rolle spiele ich. Otello wird von einem Bösen, Jago, aufgewiegelt, so dass er misstrauisch wird und glaubt, seine Frau sei ihm untreu. Er wird so rasend eifersüchtig, dass er am Ende Desdemona umbringt. Wenn man sich vorstellt, man muss diese Geschichte spielen, nämlich, dass einem etwas Böses angetan wird, dann ist das mental auch wirklich, wirklich anstrengend. Man durchlebt das. Und das wirkt auch noch am nächsten Tag nach."

Versetzt man sich wirklich in die Person, die man spielt?

„Ja. Und viele Opernrollen sind sehr traurig. Zum Beispiel spiele ich in ‚La Bohème' Mimi, eine lungenkranke Frau. Als Mimi leide ich an einem schlimmen Husten, an der Schwindsucht, und überlebe diese Krankheit nicht.
Auch in ‚La Traviata' stirbt die Titelheldin am Ende an dieser Krankheit. Und das in dem Moment, als ihr Geliebter Alfredo zu ihr zurückkehrt. Eigentlich steht einem gemeinsamen Glück nichts mehr im Wege, denn die Intrige seiner Familie gegen Alfredos Geliebte hat sein Vater ihm voller Reue aufgedeckt.

Das sind alles tieftraurige Handlungen, die seelisch anstrengen. Und nach einer Aufführung wirken sie, wie gesagt, oft noch lange nach."

Anspruchsvolle Bühnenbilder und ein großes Aufgebot an Sängern und Statisten bergen viele Risiken und fordern Konzentration von jedem einzelnen. Péter Eötvös: ‚Die Tragödie des Teufels', Bayerische Staatsoper, München 2011

Was kann bei einer Aufführung passieren?
Von kleineren und großen Katastrophen

Zusammenstöße auf der Bühne

Jonas Kaufmann erzählt davon, dass er bei seinem ersten Auftritt in der Metropolitan Opera in New York voller Schwung mit dem Kopf gegen eine Wandlampe gerannt ist. Das Publikum hat gelacht. Aber für den Sänger war das ein Moment, in dem die Überspannung des Körpers schlagartig nachließ und er wieder ruhig atmen konnte.
Elisabeth Kulman traf während einer Aufführung ein unbeabsichtigter Schlag eines Kollegen auf den Kehlkopf. Eine Zeit lang fürchtete sie, ihre Stimme ganz zu verlieren. Aber mit viel Mut, Geduld und Üben konnte sie ihre volle Stimme zurückerlangen.

Kämpfe mit Bühnenbild und Kostüm

Anja Harteros erinnert sich: „In der Hochschule haben wir ‚Hänsel und Gretel' aufgeführt und sind damit auf Tournee gegangen.
Ich war das Sandmännchen und hatte ein Kostüm, das sehr, sehr lang war, denn ich sollte darin vom Zwerg zum Riesen wachsen.
Das Sandmännchen kommt ja immer, wenn die Kinder müde werden und streut die kleinen Sandkörner in die Augen. Dann muss man sie schließen und einschlafen. Der Regisseur hatte sich überlegt: Wenn das Sandmännchen erst ein kleiner Zwerg ist und die Kinder werden immer müder, dann wird das Sandmännchen immer größer, bis es wie der Schlaf die Kinder einhüllt.
Mein Kostüm musste ich zusammengefasst in Händen halten und auf Knien auf die Bühne kommen. So sah ich zuerst aus wie ein Zwerg.
Dann musste ich auf eine Leiter steigen und das Kostüm langsam herunterlassen. Das Kostüm ist dabei sozusagen mit mir mitgewachsen.
Das war sehr viel Stoff, den ich an diesem Tag wohl nicht richtig gegriffen hatte: Er ist am Bühnenbild hängen

geblieben. Ich habe feste gezogen! Dabei musste ich weiter singen, denn die Musik spielte und ich sollte pünktlich auf meiner Leiter sein. Und dann gab es einen lauten Krach und die Wand fiel um.
Ich habe tatsächlich das Bühnenbild umgeworfen! Ich weiß es gar nicht mehr genau: Aber ich glaube, ich habe weitergesungen. Aber dass die Kinder dabei eingeschlafen sind, das glaub ich nicht!"

Blackout: Wie war das noch?

Anja Harteros kann sich noch an einen anderen schwierigen Moment auf der Bühne erinnern.
„Ich weiß nicht, wie viele Male ich die Fiordiligi in Mozarts Oper ‚Cosi fan tutte' gesungen habe. Ich musste mir nicht mehr jeden Tag vor der Vorstellung den Klavierauszug anschauen.
Aber dann wird man leichtsinnig. So sind öfters Sachen passiert, obwohl ich eigentlich sicher war, dass mir nichts passieren konnte: Also, z.B. dass ich plötzlich nicht mehr wusste, wie die Melodie geht. Man steht dann da und alle gucken einen an – und man weiß es einfach nicht mehr. Wie geht es nochmal?
Das ist so peinlich!"

Gibt es einen Souffleur, der hilft?

„Ja, wenn überhaupt ein Souffleur oder eine Souffleuse da ist! Dann sind wir sehr dankbar. Aber an vielen Häusern ist die Stelle mittlerweile gestrichen. Z.B. hatten wir keinen Souffleur bei Wagners ‚Lohengrin' an der Scala. Es sind 5 Stunden zu singen, aber aus Sparmaßnahmen war er nicht da – oder manchmal fehlt er auch, weil der Regisseur den Kasten vorne nicht mag.
Im Idealfall hat man einen Souffleur, der einem natürlich auch helfen kann. Aber eine Melodie vorsingen kann er natürlich nicht. Er kann einem schnell den Text sagen oder versuchen, den Einsatz zu geben. Aber wenn man richtig hängt …!"

Kann auch der Dirigent helfen?

Dirigenten atmen mit den Sängern. Sie geben den Sägern nicht nur mit den Händen und dem Taktstock Impulse, sondern vor allem über den Atem.
Peter Dijkstra, langjähriger Leiter des Chores des Bayerischen Rundfunks, wählt das Bild der Wellen am Strand, die heranrollen und sich wieder zurückziehen, um

damit das Zusammenspiel zwischen Dirigent und Chor beim Atmen zu veranschaulichen.

Ein Dirigent erzählt, wie er Sängern in schwierigen Situationen helfen kann: Wenn sie indisponiert sind, d.h. sich ihre Stimme nicht wie gewohnt entfaltet, dann sind vor allem lange und hohe Töne ein Problem. Dann beschleunigt er etwas und kann mit dem Tempo helfen. An technisch schwierigen Stellen, etwa bei Koloraturen, zeigt sich bei einem plötzlichen Infekt, dass die Stimme nicht mehr so beweglich ist wie sonst und sich der Sänger eventuell ‚festsingt'. Dann wird er als Dirigent mit dem Orchester langsamer.

Ist eine Stimme schwerer angeschlagen, dann wird sie vor allem im mittleren Register matt. Dann hilft nur, mit dem Orchester entweder leiser zu spielen und den Sänger über diese Stellen zu tragen – oder, wenn das auf die Dauer nicht hilft, notfalls sogar lauter zu spielen und die schwächer werdende Stimme zuzudecken.

Nur wenige im Publikum werden das bemerken.

Und wenn man die Stimme während eines Auftritts verliert?

Der Dirigent erinnert sich an die Premiere einer Wagner-Oper. Im ersten Akt ging alles hervorragend und das Publikum brach in Riesenjubel aus. Im zweiten Akt wurde die Stimme eines Hauptdarstellers immer weniger. Leiser oder langsamer zu spielen half seitens des Dirigenten auf die Dauer nicht. Das Publikum begann unruhig zu werden und buhte schließlich den Sänger lauthals aus. Der Sänger litt ohne es vorher bemerkt zu haben an einem Infekt hinter den Stimmbändern.

Patricia Petibon schätzt jeden Sänger auch als schwach ein. Schwach ist er, weil er nicht über alles selbst entscheiden kann. „Es kann mir passieren, dass ich beim Aufstehen merke: Die Stimme ist nicht mehr da! Sie kann von einem auf den anderen Tag einfach verschwinden – etwa wenn man krank ist oder Ärger oder Kummer hat!"

Oder das Gehör?

Wer, wie es in Stuttgart einem Sänger passiert ist, während des Auftritts das Gehör verliert, kann nicht weiter singen. Ihm fehlt nicht nur die Wahrnehmung der anderen Sänger, sondern vor allem die Kontrolle über die eigene Stimme.

Soll man Auftritte im Zweifelsfall absagen?

Im Zweifel: Ja!

Psychologisch klug ist es, wenn ein Sänger bei leichteren Stimmeinschränkungen eine Ansage machen lässt und dem Publikum vor dem Beginn der Vorstellung mitteilt, dass er indisponiert ist.
Wenn er dann trotzdem singt und damit den Abend rettet, ist das Publikum dankbar und gnädig.
Dr. Hulin wird bei Problemen an der Staatsoper in München gerufen und kann manchmal mit Medikamenten kurzfristig helfen.
Er weiß, wie schwer den Sängern Absagen fallen. Aber er rät ihnen im Zweifelsfall dazu, denn sie müssen ihr Instrument, ihre Stimme, auch schützen und dürfen kein Risiko eingehen.

"An unhappy bird cannot sing!"

Ein Wiener Kollege *Dr. Hulins*, *Dr. Kesten*, erinnert daran, dass auch die Psyche eine große Rolle bei der Gesangskunst spielt. Er zitiert das englische Sprichwort vom unglücklichen Vogel, der nicht singen kann.
Christa Ludwig erinnert sich an eine Stimmkrise, die ausgelöst war vor allem durch private Probleme.
„Die Stimme ist etwas Besonderes, weil sie sich verändert je nach unserer Stimmung", betont *Jonas Kaufmann*.
Das ist ein Glück, weil man deshalb viele verschiedene Rollen gestalten kann. Aber es ist ein Nachteil, wenn Herz und Kopf nicht frei sind.

Was verdienen Solisten bei einem Auftritt?

Das ist ein Geheimnis! Allerdings ist so viel bekannt, dass sich aktuell die Intendanten auf eine Höchstgage von 16.000 Euro pro Auftritt geeinigt haben.
Diese Spitzengage erhalten nach Schätzungen weltweit nur 50 Sängerinnen und Sänger.
Dann gibt es eine Gruppe, die gut von ihren Honoraren leben kann.
Die Mehrzahl der freiberuflichen Musiker in Deutschland ist unterbezahlt und hat kaum genug zum Leben. Von einem Durchschnittsverdienst von 18 Euro pro Stunde war aktuell in einem Rundfunkbeitrag die Rede.
Elisabeth Kulman erinnert daran, dass es auch darum geht, das Grundbedürfnis der Künstler nach Arbeit zu befriedigen. Stellenstreichungen im Kulturbereich sind aber leider aktuell sehr häufig.

Was, bitte, ist eine ‚Mono-Oper'?

Die junge Münchner Sopranistin *Hanna Herfurtner* erklärt den Begriff am Beispiel der Oper ‚Das Tagebuch der Anne Frank': Als einzige Sängerin muss sie die Aufführung bestreiten.

„Es ist der 27. Januar 2016, der Jahrestag der Befreiung des Konzentrationslagers Auschwitz-Birkenau durch die Rote Armee. Seit 10 Jahren ist dies auch der nationale Tag des Gedenkens an die Opfer des Nationalsozialismus. Wir spielen die Mono-Oper von Grigori Frid: ‚Das Tagebuch der Anne Frank' in der Schauburg in München. Wir – das sind in diesem Falle vier Musiker – Dietmar, der Kontrabassist, Kasia, die Schlagzeugerin, Stefan, der Pianist und eine Sängerin, die die Anne Frank spielt. Das bin ich. Mono-Oper heißt, dass es nur eine einzige Sängerin auf der Bühne gibt. Das bedeutet für mich eine gute Stunde lang ununterbrochen höchste Konzentration und sehr viel singen.

Ich habe mich gut vorbereitet. Ich habe Bücher und Artikel über Anne Frank und ihre Familie gelesen und die Tagebücher selbst, die sie in den drei Jahren geschrieben hat, in denen sie mit ihrer Familie vor den Nazis versteckt leben musste, natürlich auch. Dann habe ich einen Monat lang alleine die Musik und den Text gelernt. Manche Passagen musste ich wie Vokabeln lernen und mir immer wieder am Klavier vorspielen, bis ich sie im Ohr hatte. Und als ich sie dann im Ohr hatte, musste ich sie auch noch gesangstechnisch üben; bei uns Sängern heißt das, ‚ein Stück in den Körper zu kriegen'. Beim Singen sind nämlich sehr viele unterschiedliche Muskeln im ganzen Körper beteiligt, die helfen, dass man seine Stimmbänder nicht zu viel belastet. Und die müssen das am Ende so gut können, dass ich darüber nicht mehr bewusst nachdenken muss.

Dann habe ich eine Woche intensiv mit Stefan musikalisch geprobt. Dabei haben wir uns ganz genau

**Hanna Herfurtner in Grigori Frid
‚Das Tagebuch der Anne Frank', Schauburg, München 2016**

überlegt, welche Stimmung wir wo erzeugen möchten, und mit welchen Mitteln, also zum Beispiel, wo wir laut oder leise spielen wollen.
Und schließlich haben wir eine Woche mit der Regisseurin *Winni Victor* szenisch geprobt, bis zwei Tage vor der Premiere Kasia und Dietmar dazukamen, und wir alle Bausteine zusammengesetzt haben, die Musik, die Szene und die Technik.

Das alles ist jetzt aber schon drei Monate her. Ich bin also ein bisschen nervös, ob ich noch alles weiß.
Es ist 10 Uhr. Ich treffe Winni im Theater, wir schauen uns die Bühne an, die wir ja noch nicht kennen, und gehen alles ‚trocken' durch, das heißt, ich spreche den Text und ich gehe alle Gänge ab, die ich im Stück habe. Gott sei Dank, ich erinnere mich. Ich hoffe, dass das auch für die Musik gilt. Die Musiker trudeln ein, nur Stefan nicht, sein Zug hat Verspätung. Das macht aber nichts, weil wir feststellen, dass es ein Missverständnis gab und nicht das richtige Schlagwerk da ist. Wir telefonieren uns durch die halbe Stadt nach den richtigen Instrumenten. Als wir endlich jemanden erreicht haben, der sie uns leiht, ist es schon weit nach Mittag und Stefan längst angekommen. Um diese Zeit wollten wir eigentlich fertig sein mit der Probe. Als Musiker hat man gern ein bisschen Ruhe vor der Vorstellung.
Daraus wird jetzt nichts.
Die Probe läuft gut und ich bin abends kurz vor der Vorstellung auch ohne Pause ziemlich entspannt.
Ich singe mich ein, Kasia macht Yoga, Stefan probiert ein Kostüm aus einem anderen Stück an. Wir stehen alle zusammen hinter der Bühne, warten, dass es im Zuschauerraum dunkel wird und blödeln rum. Dann geht das Licht aus und alle werden still.
Ich stehe im Finstern hinter der Tür, die auf die Bühne führt, und während die drei Musiker schon aufgetreten sind und sich kurz sortieren, schießt mir die Aufregung in den Körper wie eine Flutwelle. Ich bin plötzlich dreimal so wach wie vorher und finde es völlig wahnsinnig, dass ich jetzt gleich auftreten soll. Ich soll jetzt da raus gehen und vor all diesen Menschen singen? Ich muss verrückt geworden sein. Es ist doch total unwahrscheinlich, dass ich das

kann. Bestimmt habe ich nicht genug geübt, mich nicht genug konzentriert, nicht nochmal diese eine Stelle nachgeschaut, an der ich mich immer verzähle (obwohl ich das in Wirklichkeit doch getan habe.) Vielleicht habe ich ja Glück und die Zeit bleibt jetzt stehen? Das tut sie natürlich nicht, und Stefans erster Akkord katapultiert mich durch die schützende Tür auf die Bühne. Scheinwerferlicht. Die Aufregung ist weg. Es geht los.

Die Oper beginnt an Annes Geburtstag. Sie bekommt einen Haufen Geschenke, darunter ist auch das Tagebuch. Zwei Szenen lang darf sie ein fröhliches Mädchen in Amsterdam sein, dann erzählt ihr Vater ihr schon, dass sie von der SS bedroht werden und in ein Geheimversteck umziehen müssen. Zusammen mit ihrer Familie und der Familie van Daan zieht sie in das Hinterhaus. Am Samstag, dem 11. Juli 1942.
Das weiß ich wiederum so genau, weil in der Oper öfter das Datum gesungen wird. Die Oper ist nämlich unterteilt in 21 Szenen, von denen jede ein gekürzter Tagebucheintrag ist. Grigori Frid hat diese Einträge so ausgewählt, dass sie ein abwechslungsreiches Libretto und eine spannende Handlung ergeben.
Anne Frank sitzt jetzt also im Versteck. Sie fürchtet sich vor der Stille, vor Einbrechern, davor, dass sie entdeckt werden, langweilt sich und ist oft fürchterlich einsam, obwohl sie nie alleine ist. Sie sehnt sich schrecklich nach draußen, wo sie spielen und herumrennen kann. Aber es passieren auch schöne Dinge, sie verliebt sich in Peter, den Sohn der van Daans, sie liest selbstgeschriebene Geschichten vor, guckt stundenlang aus dem Fenster und beobachtet die Welt draußen. Und sie macht sich kluge Gedanken. Vor allem bleibt sie eigentlich immer mutig und hoffnungsvoll.
So endet auch die Oper. Mit einem schönen Lied, in dem Anne Frank über die Hoffnung singt. Es ist ein fast schon philosophischer Text, so etwas wie Anne Franks Vermächtnis. Man darf die Hoffnung nicht aufgeben, singt sie. Man muss an seinen Idealen festhalten. Es geht nicht um Ruhm und Reichtum, sondern um den Seelenfrieden.
Dieses letzte Stück singe ich sehr gern. Ich stehe

von dem kleinen Schreibtisch auf und steige auf die Leiter, die in unserer Inszenierung für den Dachboden steht. Das Stück hat eine hübsche Melodie, und ich kann mich dabei ganz und gar auf meinen Gesang konzentrieren. Bis heute war es für mich ein durch und durch positives und kluges, fast verklärtes Lied. Eines, dass das Stück quasi gut ausgehen lässt. Vorher wird Anne fast verrückt vor Angst, aber mit diesem letzten Lied ist das überwunden. Alle wissen natürlich, das die Geschichte in Wirklichkeit in der Katastrophe endet. Die Familien wurden verraten. Alle kamen, bis auf Annes Vater, kurz vor Ende des Krieges in Konzentrationslagern um. Aber in unserem Stück bleibt die Zeit stehen, bis zum Schluss ist ihnen nichts passiert und weil es uns nicht erzählt wird, können wir daran glauben, dass es doch gut ausgegangen ist.

Aber als ich heute zu der Stelle komme, an der sie singt: ‚und wenn der liebe Gott mich am Leben lässt, dann werde ich für die Menschen arbeiten', verstehe ich plötzlich, dass das das Gegenteil von Hoffnung ist. Ich hatte ein paar Tage vorher von den 5 Stationen in der Verarbeitung von Trauer gelesen. Eine der Stationen ist, dass man versucht, zu verhandeln. Also, ‚ich verspreche das und das zu tun oder zu lassen, wenn dafür das Schlimme nicht geschieht' und auf einmal verstehe ich, dass Anne mit dem lieben Gott verhandelt, dass er sie retten möge, wenn sie ihm verspricht, ein guter Mensch zu sein. So groß ist ihre Angst. Plötzlich bin ich so traurig, dass ich fast meinen Text vergessen hätte. Mit Mühe schlucke ich die Traurigkeit runter und singe das Stück zu Ende. Schon komisch, da bin ich während der Vorstellung doch so beschäftigt eigentlich, und mein Kopf hat trotzdem noch Zeit, sich Gedanken über den Inhalt zu machen, die ihm ein halbes Jahr in Ruhe nicht eingefallen sind. Das Licht geht aus, und nach einer sehr langen halben Minute wieder an. Mir ist nicht so recht nach Verbeugen und auch das Publikum tut sich schwer mit dem Applaus. Mittlerweile weiß ich, dass das ein gutes Zeichen ist. Dass das Stück sie getroffen hat. Trotzdem gibt es immer diese Schrecksekunde – was, wenn heute einfach keiner klatscht? Aber sie klatschen dann doch, erst zaghaft, dann klatschen sie sich warm, und es gibt fünf Vorhänge, wir müssen also noch fünf Mal raus und uns verbeugen.

Hinter der Bühne umarmen und beglückwünschen wir uns, machen kleine Witze über die kleinen Fehler, die passiert sind.

Dann ist es wirklich vorbei, wir treffen uns alle im Restaurant der Schauburg. Bestellen ein Bier, essen was. Freundliche Menschen kommen, um zu gratulieren, um zu sagen, wie bewegt sie sind, und dass sie leider nicht bleiben können, weil sie jetzt erstmal nachdenken müssen. Spätestens jetzt bin ich für den etwas zaghaften Applaus entschädigt.

Wir sitzen noch ein paar Stunden zusammen, und langsam werde ich wieder Hanna, die Privatperson, die jetzt doch zunehmend müde wird. Morgen spielen wir wieder."

Fast allein auf der Bühne!
Was ist das Besondere an einem Liederabend?

Für *Anja Harteros* ist ein Liederabend eine besondere Herausforderung und Chance zugleich. Es hat, so sagt sie, Zeit gebraucht, bis sie diese Abende richtig für sich entdeckt und hoch zu schätzen gelernt hat.
Diana Damrau hält Liederabende für eine willkommene Gelegenheit, Programme nach eigenem Gusto zusammen zu stellen, die neben der wunderbaren Musik und Texte die aktuellen Vorzüge der Stimme hervorheben, aber auch Ausblick auf weitere stimmliche Möglichkeiten bieten.
„So sehr ich Oper liebe und so gern ich in eine Figur hineinschlüpfe – ein Liederabend ist für mich die Königsklasse des Singens", sagt *Jonas Kaufmann*.
„Man ist total exponiert: kein Kostüm, keine Maske, kein Orchester, keine Partner, hinter denen man sich verstecken kann. Du bist allein mit dem Pianisten und erzählt Geschichten.
Um sie möglichst glaubhaft dem Publikum nahe zu bringen, muss ich sie auch empfinden." Bei der Oper gibt es sehr viel Ablenkung vom Singen durch das wechselnde Bühnengeschehen. „Damit das Publikum überhaupt zu mir hinschaut, muss ich in der Oper viel größere Aktionen machen, ihm wirklich deutliche Fingerzeige geben. Bei einem Liederabend kann man viel spontaner Musik machen: Ich kann eine bestimmte Stelle betonen oder leiser singen, weil ich ja nur einen einzigen Partner habe, der mich sehr gut kennt und sofort reagiert."
Bei einer Opern-Aufführung merkt der Dirigent natürlich auch, wenn der Sänger beispielsweise leiser wird, aber bis das Orchester auf seine Zeichen reagiert, ist die Stelle vielleicht schon vorbei.
„In der Oper muss man sich viel stärker an Absprachen halten, an das, was man geprobt hat. Bei einem Liederabend kann ich viel mehr aus dem Moment heraus gestalten: So, wie ich es gerade empfinde. Und da kann ich mit ganz kleinen, feinen Sachen beim Publikum Anklang finden."

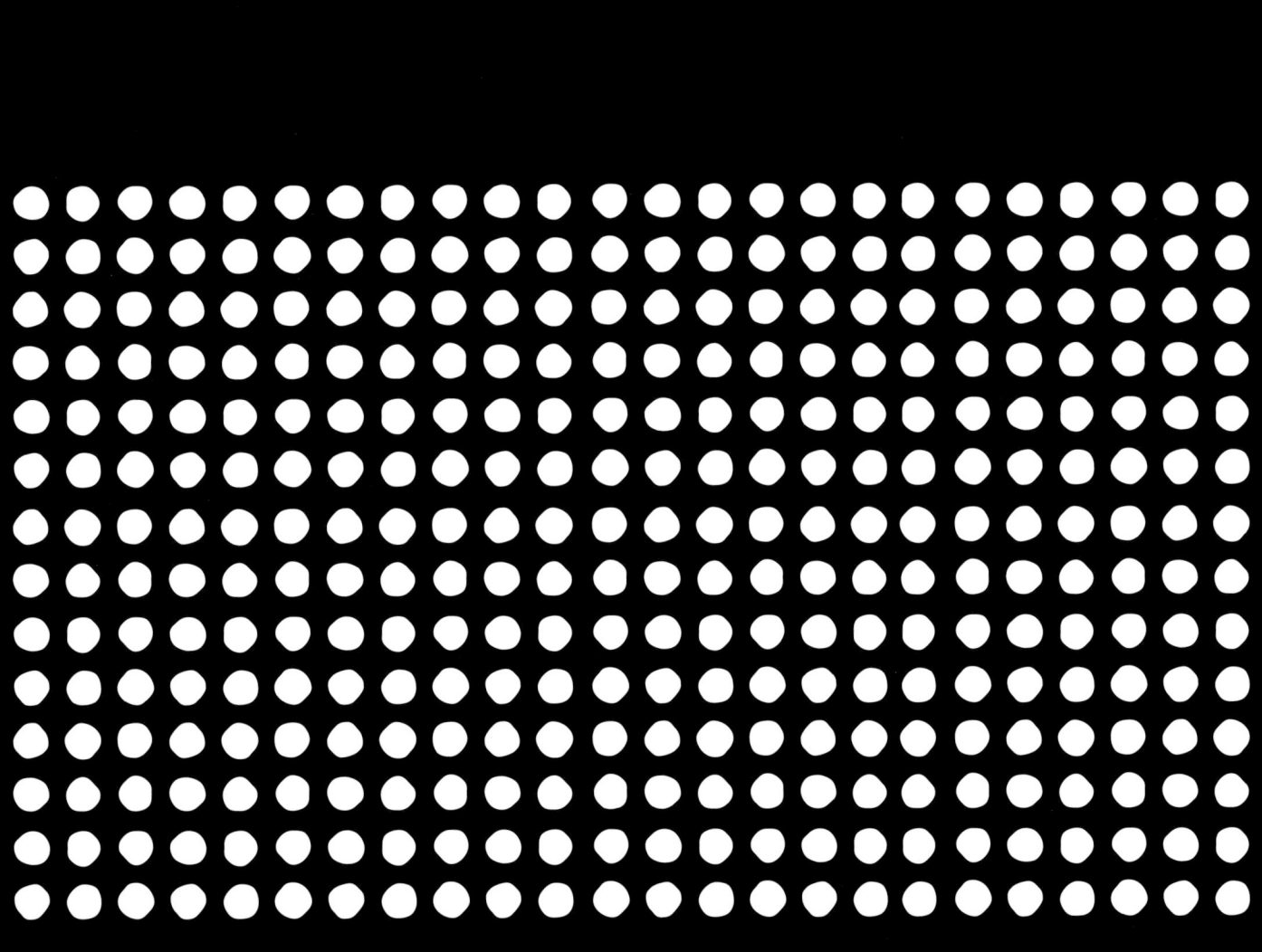

Wann ist es genug?
Die unterschiedlichen Interessen von Sängern und Regisseuren

Der junge Regisseur *Tristan Braun* hat bereits eine Reihe vielbeachteter Inszenierungen vorgestellt. Die Kritik hebt besonders seine differenzierte Personenführung hervor. In einem Gespräch mit seiner Mutter, der Mezzosopranistin *Lioba Braun*, fragt er nach dem Zusammenhang zwischen Stimme und Darstellungsmöglichkeiten der Sänger.

Lioba Braun schöpft aus ihrer Erfahrung auf den großen Konzert- und Opernbühnen der Welt, ebenso aus ihrer Lehrtätigkeit an der Hochschule für Musik und Tanz in Köln.

Grundsätzlich hält *Lioba Braun* fest:

Sänger müssen Grenzen ziehen bei szenischen Auftritten. Es gilt immer zu überlegen: Was macht die Stimme mit? Inwieweit kann sie in verschiedenen Positionen funktionieren? Kann ich auf dem Bauch liegend eine Arie singen, auf dem Rücken liegend, in der Hocke? Und es kommt darauf an, was an Dynamik gefragt ist. Ein lautes Wagner-Orchester schränkt den Sänger bei der Wahl seiner Positionen ein.

Tristan Braun: Was wünschst du dir von einem Regisseur?

Lioba Braun: Zunächst möchte ich, dass der Regisseur von sich aus seine Idee präsentiert. Die kann im Rohzustand durchaus noch so sein, dass ein Sänger sagt: „Nein, das geht nicht!" Dann gilt es, genau diese Grenzen zu erspüren und vielleicht auszudehnen, indem man sich mit dem Regisseur zusammen auf eine Reise begibt. Das fordert Kommunikation, ein Aufeinander-Eingehen, Wertschätzen und Rücksicht nehmen. Ich erinnere mich an eine Produktion, in der ich Azucena in Verdis ‚Il trovatore' gesungen habe. Im letzten Bild steckte ich bis zum Hals im Boden, es schaute nur noch der Kopf heraus. Ich fühlte mich völlig beengt und dachte, dass das den Stimmfluss behindert, musste aber feststellen, dass – im Gegenteil – der lackierte Boden, auf den ich dann gesungen habe, ein phantastischer Reflektor war und ich ganz viel machen konnte, auch im Pianissimo.

Es ist oftmals richtig zu sagen: „Ich probiere, was geht. Und du schaust, ob dir das genügt für das, was du ausdrücken willst." Wenn das nicht der Fall ist, muss ich von mir aus etwas anbieten.

Tristan Braun: Und passte das im ‚Il trovatore' zu der Figur und ihrer Situation?

Lioba Braun: Ja. In dieser Szene sind Azucena und ihr Sohn kurz vor der Hinrichtung. Da gilt es, dem Regisseur zu vertrauen, dass dies draußen ein ganz starkes Bild ergibt. Der Sänger hat ja zunächst einmal seine Stimme im Kopf und als Ziel, dass sie gut funktioniert und dass er das, was er sich in wochenlanger Vorbereitungszeit erarbeitet hat, auch präsentieren kann. Deswegen ist die Arbeit mit einem Regisseur etwas sehr Intimes.

Ich musste sagen können: „Für mich fühlt es sich seltsam an, weil ich weder mit Händen noch Armen irgendetwas machen kann."

Tristan Braun: **Was sollte ein Regisseur über das Instrument Stimme wissen, bevor er die Arbeit an einer Oper beginnt?**

Lioba Braun: Die Grundvoraussetzung für ein ungehindert funktionierendes Instrument ist das freie Fließen der Atmung. Dazu muss im Laufe des Lebens das Zusammenspiel von Knochenbau und Muskulatur perfektioniert werden. Körperarbeit wie Qi Gong, Feldenkrais, Alexandertechnik oder ähnliches helfen, sich diese Zusammenhänge immer mehr und mehr bewusst zu machen.
Kraft in der Stimme, Lautstärke zu entwickeln, Potenz: Das sind allesamt Fragen dieser ‚Ökonomie in der Stimmtechnik', nicht eine Frage reiner Muskelkraft.

Tristan Braun: **Wie funktioniert dann eine musikalisch-künstlerische Gestaltung mit der Stimme?**

Lioba Braun: Das nimmt seinen Anfang in genau dem, was ich gerade beschrieben habe: in dem freien Atemfluss und in dem souveränen Funktionieren meines Körpers. Dann kann ich davon sprechen, dass mein Instrument transparent ist.
Im täglichen Leben funktioniert das so: Wenn neben mir ein Baby schläft und ich flüstern will, werde ich automatisch die richtige Muskulatur benutzen, um das Flüstern zu erzeugen, damit dieses Baby weiterschlafen kann. Oder wenn ich jemanden rufen will, werde ich ganz weit öffnen und das Zwerchfell geht nach unten. Das sind Dinge, über die wir Alltagsmenschen nicht nachdenken. Genau an diesen Punkt soll man beim Singen auch kommen: Alles, was ich in mir als Emotionen in der Rolle XY empfinde, soll auch durch die Stimme durchgehen können.

Tristan Braun: **Das bedeutet, das Instrument kreiert die Farben sozusagen aus der Rolle heraus?**

Lioba Braun: Meine Erfahrung ist: Das Rollenspiel kann das Instrument befruchten und Farben befördern. Ein Sänger ist zuerst aber stimm-orientiert und im besten Falle zudem jemand, der große Lust am Schauspielen hat.
Es gibt jedoch Sänger, denen fehlt diese Dimension. Sie brauchen eine gewisse Stabilität in der Körperhaltung, um das ausdrücken zu können, was sie sagen wollen. Der Regisseur hingegen denkt in Bildern, in Zusammenhängen zwischen Personen, dramaturgisch … Er ist sich der Körperlichkeit des Instruments nicht so bewusst. Deswegen glaube ich, dass man sehr voneinander lernen kann und muss.

Tristan Braun: **Wie ist es für dich, mit Kollegen zu agieren, die dem Schauspielen nicht so zugeneigt sind?**

Lioba Braun: Ich finde das schade, wenn ich jemandem begegne, der sich nur innerhalb eines bestimmten Musters bewegt, aber ich will das auch respektieren als mögliche Stufe in der individuellen Entwicklung. Im Extremfall bin ich in der Situation, dass ich einen für mich unattraktiven, hölzern spielenden Tenor vor mir habe, der aber der Don José in Georges Bizets ‚Carmen' ist, in den ich unsterblich verliebt bin. Da ist meine Kreativität nicht nur bezüglich meiner eigenen Rolle gefordert, sondern auch meines Gegenübers. Dieser nette Kollege kann nichts dafür, wie klein oder groß oder dick oder dünn er ist. Es geht aber darum, eine Illusion zu schaffen für das Publikum. In diesem Moment ist der Kollege, der vor mir steht, das non-plus-ultra an Mann, in das ich mich unsterblich verliebt habe.
Das bedeutet für mich: Ich muss es wirklich schaffen, den Traummann in diesem Partner zu sehen. Ich darf mich nicht in meiner Energie blockieren lassen, weil er etwa so reagiert, wie er reagiert, sondern muss mich mit all dem, was ich bin, hineinbegeben in das, was ich ausdrücken will.

Lioba Braun: **Wie gehst du als Regisseur mit einer solch schwierigen Situation zwischen zwei Sängern um?**

Singen in jeder Position? André Baleiro steckt als Barbier von Sevilla in der Inszenierung von Tristan Braun für die Kammeroper München 2016 im Bühnenboden. Dahinter Vladislav Pavliuk (Bartolo), Thomas Kiechle (Graf Almaviva), Suzanne Fischer (Berta), Philipp Mehr (Basilio), Katarina Morfa (Rosina)

Tristan Braun: Mir ist es immer wichtig, einen jeden Sänger bei seinen Stärken abzuholen und diese möglichst zu vergrößern.
Es gilt aber auch, die Chemie zu erspüren, die zwischen Kollegen auf der Probe herrscht, insbesondere, wenn Liebespaare gespielt und gesungen werden sollen.
Als ich Rossinis ‚Barbiere di Siviglia' für die Kammeroper München inszenierte, hatten wir ein Liebespaar, das unterschiedlicher nicht hätte sein können: Sie als südamerikanische rassige und impulsive Leidenschaftliche, die die Partie bereits an anderer Stelle gesungen hatte und am Beginn einer Karriere stand – er als schüchterner Schwabe, um einige Jahre jünger und noch mitten in seinem Musikstudium.

Es war sehr schnell klar: Das wird kein Liebespaar, das sich auf Augenhöhe begegnet.
Fatal wäre hier, als Regisseur an einer möglichen Idee festzuhalten, die davon ausgeht, dass sexuell prikkelnde Energien und die große Leidenschaft füreinander ausbrechen.
Da gilt es flexibel zu sein und mit einer geänderten Figurenkonstellation trotzdem – oder gerade damit – das zu erzählen, was man erzählen möchte.
Ich war schlussendlich sogar dankbar dafür, dass sich dadurch ein kritischer, aktualisierter Interpretationsansatz entwickelte.

Tristan Braun: **Spielt die Glaubwürdigkeit des Sängers später auf der Bühne auch im Studium eine Rolle?**

Lioba Braun: Ja, der Aspekt ist GANZ wichtig! Meine Studenten hören sehr oft von mir den Satz: „Ich weiß nicht, was Sie mir erzählen wollen!" Natürlich ist ein Student in erster Linie mit technischen Dingen beschäftigt: etwa, dass die Stütze gut funktioniert. Aber ich möchte auch meine Erfahrung vermitteln, dass das, was ich ausdrücken will, meine Technik sehr befördert und mir wirklich hilft.
Also: wenn ich wirklich erstaunt bin, werde ich immer den Mund weit öffnen und so eine Öffnung im ganzen Körper provozieren. Und dann kommt automatisch ein ganz anderer Klang heraus als derjenige, wenn ich wütend bin.
Dabei versuche ich auch zu erklären: Das Zwerchfell ist das A und O.

Tristan Braun: **Inwiefern?**

Lioba Braun: Die alten Griechen sagten, dass dort die Seele sitzt. Wenn jemand aus tiefstem Herzen weint, geht das tatsächlich immer vom Zwerchfell aus. Wenn jemand aus tiefstem Herzen lacht, ist es ebenso. Beides ist für alle anderen ansteckend, weil deren Zwerchfell darauf antwortet.
Man kann noch einen Schritt weitergehen: Das Spannende ist, dass wir mehrere Diaphragmen im Körper haben. Wir kennen die Bezeichnung Diaphragma nur für das Zwerchfell, aber: Der Beckenboden ist ein Diaphragma, in der Kehle ist ein Diaphragma, selbst im Gehirn ist ein Diaphragma und alle hängen miteinander zusammen. Das ist die gute und die schlechte Nachricht: Wenn ich an einer Stelle festmache, mache ich auch alle anderen Stellen fest und umgekehrt.

Tristan Braun: **Wo siehst du aktuell die größten Herausforderungen für junge Sänger?**

Lioba Braun: Ich empfinde, dass die Orchester immer lauter werden. Das hat vielerlei Gründe. Es ist sicher auch der hohen Mobilität geschuldet, in dem Sinn, dass nicht mehr detailliert geprobt werden kann, gerade was Balance und Dynamik anbelangt.
Es geht darum, diesem Phänomen so zu begegnen, dass man sich einerseits überlegt – und jetzt bin ich wieder bei der Ökonomie von vorhin – wie kann mein Körper am besten funktionieren, so dass ich keine ungute Kraft anwenden muss, und wo verweigere ich mich diesem Fetisch der Lautstärke.
Zudem gilt: Wenn ich innerhalb einer Phrase eine Dynamik entwickle, entsteht ganz automatisch ein Crescendo und ein Forte; Dynamik ist ja immer auch relativ.
Oft ist es das Schlimmste, wenn man zum ersten Mal auf der Bühne steht und Kollegen neben sich hat, die wahnsinnig laut sind. Dann besteht die Herausforderung darin, in diesem Moment zu verstehen, dass Obertöne die Stimme in den Raum tragen. Es ist, wie schon gesagt, nicht die Muskelkraft, die die Stimme laut ‚macht'.

Damit bin ich wiederum bei der mentalen Einstellung: Der junge Sänger muss lernen, bei sich zu bleiben.

Im Dienste des Gesangs

Gibt es auch leise Töne im Opernbetrieb?

Von dem französischen Verb ‚souffler', flüstern, leitet sich auch die Berufsbezeichnung: Souffleur/Souffleuse ab. Und es erklärt, womit Souffleure oder Souffleusen arbeiten: Mit ihrer leisen Stimme, mit der sie den Sängern auf der Bühne bei Aufführungen jederzeit Stichworte liefern können.

Genauer gesagt verfolgen sie jeden einzelnen Ton der Sänger, formen ihn meist selbst tonlos und atmen mit den Sängern. Jederzeit sind sie bereit, lauter zu werden und mit Worten, mit Gesten und Mimik zu helfen.

Jana Frank, Salzburger Festspiele 2015

Wie wird man Souffleuse? Zum Beispiel: *Jana Frank*

Eine Collage könnte die vielseitige Ausbildung von *Jana Frank* mit mindestens drei ‚Standbeinen' widerspiegeln: einem im Tanztheater mit einem Ballettschuh für die ausgebildete Tänzerin, einem mit extravaganten Opernschuhen für die Sängerin mit klassischer Gesangsausbildung, und einem Standbein – vielleicht mit Turnschuhen – für die Theaterpädagogin, die Schauspielschüler um sich schart. Auf alle diese Ausbildungen: Tanz, Gesang, Theaterpädagogik, blickt *Jana Frank* zurück und profitiert in ihrem jetzigen Beruf davon: Sie kennt die Bühnenarbeit aus den verschiedensten Perspektiven.

Braucht man in der Oper überhaupt eine Souffleuse?

So könnte beispielsweise der Bühnenbildner fragen, wenn ihn der schwarze Souffleurkasten an der Bühnenrampe in seinen Aufbauten stört.
Der für die Finanzierung einer Produktion Zuständige könnte diese Frage stellen: Ließe sich hier nicht ein Honorar einsparen?
Wie *Anja Harteros* erzählt, ist es leider immer häufiger der Fall, dass die Stelle gestrichen wird. Für die Sänger

aber ist es ein Glück, einen Souffleur oder eine Souffleuse an der Seite zu haben.

„Sänger müssen auf das Orchester, ihren Partner, ihre Stimme hören, auf den Dirigenten und auf ihre Einsätze achten, ihren Text beherrschen. Dann stolpern sie vielleicht über etwas auf der Bühne, was da nicht hingehört. Ich habe Hochachtung vor den Sängern. Sie sollen jede Unterstützung bekommen, die sie kriegen können!", meint *Jana Frank*.

Wie sieht diese Unterstützung aus?

Genau wie die Sänger wird ein Souffleur oder eine Souffleuse für eine bestimmte Produktion eingekauft. Das bedeutet: Sie studieren vorab die Partitur und sind bei den Proben vom ersten Tag an dabei. Dadurch lernen sie die Inszenierung und die Sänger sehr genau kennen und wissen mit der Zeit, welche Stellen für wen besonders vertrackt sind.

Welche Rolle spielt die Souffleuse in der Probenphase?

Jana Frank erzählt über die Probenphase: „Anfangs spreche ich sehr viel Text vor, reduziere im Lauf der Proben, aber problematische Stellen spreche ich immer ein."
Jana Frank muss in dieser Zeit das Vertrauen der Sänger gewinnen, damit sie gemeinsam Schwierigkeiten bewältigen und sich schließlich wortlos verstehen.

Wie läuft ihre Arbeit an einem Aufführungstag ab?

Etwa eine Stunde vor der Aufführung ist sie vor Ort und überprüft zuerst die Einrichtung ihres Arbeitsplatzes. Der Monitor, das Licht, der richtige Stuhl, die richtige Höhe des Souffleusenkastens, der pro Inszenierung, manchmal sogar pro Bühnenbild wechselt, werden von ihr unter die Lupe genommen. Gegebenenfalls ruft der Inspizient noch jemanden vom Licht, vom Ton oder von der Technik, der daran etwas ändern muss.
In diesen Momenten ist sie auch schon für die Sänger greifbar, die nach und nach fertig geschminkt aus der Maske kommen und eventuell noch etwas mit ihr besprechen wollen.
So war es etwa beim ‚Figaro' in Salzburg zu erleben: Eine Sängerin begegnete *Jana Frank* auf der Treppe und wies auf eine heikle Stelle hin, an der sie beim letzten Mal einige Worte fast vergessen hätte. Nun ist *Jana Frank* also sozusagen mit ins Boot geholt und wird beson-

Die Souffleuse muss alle Sänger gleichzeitig im Blick haben, um sie im Notfall unterstützen zu können. W.A. Mozart: ‚Le nozze di Figaro', Salzburg 2015

Jana Frank

ders deutlich diesen Teil der Partie begleiten. Konzentrierte Ruhe und Zuversicht auszustrahlen ist in diesen Momenten eine wichtige Aufgabe. Nach dem dritten Einruf des Inspizienten und vor der Ouvertüre nimmt sie ihren Arbeitsplatz im Souffleurkasten ein. Dieser mit schwarzem Molton ausgekleidete Kasten ist im ‚Figaro' etwa so groß wie eine Telefonzelle und steht am Rande im Orchestergraben. Über drei Stufen erreicht *Jana Frank* ihren erhöhten Sitzplatz. Der Blick schräg hinauf geht frei auf die Bühne. Allerdings wird in dieser Inszenierung oft auf mehreren Ebenen gleichzeitig gespielt, denn auf der Bühne sind außer im letzten Akt zwei Stockwerke des gräflichen Schlosses aufgebaut. Da ist es schwierig, alle Sänger gleichzeitig im Auge zu behalten. Und was ist mit Terzetten oder gar Sextetten, die im ‚Figaro' nicht so selten vorkommen?
Da ist höchste Aufmerksamkeit gefordert – und auch die Erfahrung, wer bei den Proben am ehesten Unterstützung gebraucht hat.

Wie sieht es im Souffleurkasten aus?

„Er ist gerade groß genug für eine Person", erzählt *Jana Frank*. „Ich gehe über die Unterbühne hinein, mehrere Stufen hoch. Ich habe einen Stuhl, ein Pult für meinen Klavierauszug, eine Lampe und den Monitor, damit ich den Dirigenten sehe. In der Pause mache ich oft Entspannungsübungen für Nacken und Schultern. Meine Haltung während der Vorstellung ist ja sehr einseitig: immer nach oben schauen."

Singt die Souffleuse mit?

„Nein!", sagt *Jana Frank* im Interview: „Ich singe eigentlich nie. Ich spreche die ersten Worte der Gesangsphrasen in Richtung Bühne und unterstreiche das mit Blicken und Gesten."
Welche Gesten macht sie?
„Wenn jemand zum Beispiel etwas langsamer werden soll, gestikuliere ich beschwichtigend. Wenn er schneller sein könnte, lasse ich meine Hand rotieren – oder ich schnipse mit den Fingern, um auf einen Einsatz hinzuweisen."
Was macht sie, wenn ein Sänger krank wird und ein anderer in eine laufende Inszenierung einspringt?
„Ich versuche, vorher mit ihm zu reden, wo es schwierig werden könnte, wo er vielleicht Hilfe braucht, und

während der Vorstellung gebührt ihm meine besondere Aufmerksamkeit. Und natürlich kenne ich die fiesen Stellen der jeweiligen Partie."

Was sind typische Stolperstellen?

„Strophen. Die sind für Sänger etwas ganz Heikles. Genau da denkt das Publikum, das ist doch einfach: eine Strophe, dann der Refrain, dann die nächste Strophe. Aber die Sänger kommen leicht durcheinander! Die Melodie wiederholt sich, der Text nicht. Sie wissen nicht genau, war ich jetzt schon an der Stelle oder kommt die erst später? Dann gebe ich, kurz vor dem entsprechenden Einsatz, das entscheidende Stichwort hinein. "

Und was machen Sie, wenn ein Sänger einen kompletten Aussetzer hat?

„Das kommt ganz, ganz selten vor. Aber einmal war bei einem Sänger während einer Barockarie plötzlich alles weg. Text, Melodie, alles. Ich konnte hampeln und strampeln, wie ich wollte, er hat es nicht gemerkt, sondern sich an den Tisch auf der Bühne gesetzt. Das Orchester spielte weiter – die Musik wird ja nie abgebrochen – und irgendwann hat er den Einstieg wieder gefunden."

Und das Publikum?

Das hat gar nichts mitbekommen.

Was ist besonders wichtig, um als Souffleuse gute Arbeit zu leisten?

In der gemeinsamen Vorbereitungszeit muss ein Vertrauensverhältnis zwischen Sängern und Souffleuse entstehen. Man muss sie als absolut zuverlässig erleben und als äußerst kompetent bei der Bewältigung verschiedenster Probleme.
Jana Frank fügt hinzu, was dann für die Aufführung besonders gilt: „Es ist ganz wichtig, Zuversicht und positive Energie zu verbreiten.
Nehmen wir eine Wagner-Oper. Da haben die Sänger im letzten Drittel von ‚Tannhäuser' oder ‚Tristan und Isolde' noch mal extrem anspruchsvolle Partien zu singen, aber sie sind erschöpft, ihre Konzentration lässt nach. Da kann ich viel Sicherheit und Halt geben.
In jedem Fall braucht man in meinem Beruf starke Nerven, Gelassenheit, Achtsamkeit und Humor. Manchmal komme ich mir vor wie die Personenschützerin eines Top-Politikers: Man ist ständig hoch konzentriert, und selbst wenn man nicht sicher ist, ob sich in der Hecke was bewegt, schießt man mal rein."

Opernkostüme: Kunstwerke oder Berufskleidung?

„Jedes Kostüm ist sowohl ein künstlerischer Entwurf als auch Berufsbekleidung!" erläutert *Dorothea Nicolai*, langjährige Direktorin der Abteilung Kostüm und Maske bei den Salzburger Festspielen. „Das Besondere an der Arbeit in der Kostümabteilung ist, dass man den gesamten Entstehungsprozess von der Ideenfindung bis zur Aufführung mitgestaltet und hautnah miterlebt. Und bei jeder weiteren Arbeit entdeckt man etwas Neues!"

Kate Aldrich (Ascanio) in Hector Berlioz: ‚Benvenuto Cellini', Salzburg 2007

Worauf kommt es bei Opernkostümen besonders an?	„Es gilt, ein doppeltes Ziel zu erreichen", sagt *Dorothea Nicolai,* „nämlich die Sänger problemlos in ihre Rollen hineinschlüpfen zu lassen und die Zuschauer zu bewegen und aufzurütteln."
Können Sie ein Beispiel geben?	„Ja. Wie löst man beispielsweise die Aufgabe, eine glänzende Rüstung herzustellen, die lautlose Bewegungen ermöglicht, leicht und angenehm zu tragen ist?" *Gregor Kristen,* Leiter der Herrenschneiderei, hat diese Rüstung entwickelt, die eine Sängerin in eine Figur verwandelt, die an das Personal im Film ‚Star Wars' erinnert. Ihre goldene Montur wirkt auf der Bühne so, als sei sie aus Metall geschmiedet. In Wirklichkeit ist sie aber aus Filz von 3 bis 5 mm Stärke. *Gregor Kristen* hat den Filz zuerst in feuchtem Zustand auf einer Puppe mit den Maßen der Sängerin modelliert und danach 2 bis 3 mal mit Hutsteife eingestrichen. Anschließend wurde in der Färberei Gold aufgesprüht. Kunstmaler gaben dem Kostüm den letzten Schliff durch das Aufmalen von Details, auch auf das Trikot, das mit Kabeln prangt. Damit sich die Sängerin bzw. die Statistin, die sich mit ihr abwechselt, auch bewegen kann, reichen die Beinschienen am Rücken nur bis zu den Oberschenkeln und nicht bis in die Taille. Hotpants schaffen den Übergang. Erfindungsreichtum ist eine der hervorragenden Eigenschaften, die in diesem Beruf verlangt werden,
Auf welche Besonderheiten muss der Kostümbildner achten?	Der Hals des Sängers darf nicht eingeengt werden! *Dorothea Nicolai* erklärt: „Das Wichtigste ist, dass der Sänger frei und ungehindert einatmen und singen kann. Der Kehlkopf vor allem darf zum Beispiel vom Kragen nicht eingeengt werden. Eine besondere Herausforderung sind daher historische Kostüme mit hochgeschlossenen Kragen. *Gregor Kristen,* Leiter der Herrenschneiderei, zeigt an der Uniformjacke, die gerade auf der Schneiderpuppe auf die nächste Anprobe wartet, welches hier die neuralgischen Punkte sind: etwa die Uniformknöpfe. Es muss mit dem Sänger genau abgesprochen werden, wo er sie nicht spürt und sie ihn nicht drücken, wenn er singt. Auch der Kragen selbst ist immer anders geschnitten und angesetzt als bei einem normalen Jackett: Er reicht im Nacken viel höher hinauf, ist seitlich steiler einge-

Gregor Kristen, Leiter der Herrenschneiderei der Salzburger Festspiele, erklärt, wie viel Aufwand für den perfekten Sitz des Kragens getrieben werden muss.

setzt und nimmt so den Druck vorne vom Hals und insbesondere vom Kehlkopf weg. „Der Hals schwillt beim Singen an!" Darauf muss auch bei den Hemden Rücksicht genommen werden, die in der Weißnäherei ein Stockwerk tiefer entstehen. Der Kragen entspricht daher nicht dem eigentlichen Halsumfang, sondern er ist meist um zwei oder drei Zentimeter weiter. Feinste Handarbeit und genaues Maßnehmen sowie viele Anproben spielen zusammen. Wenn der Kragen nicht stimmt, so lässt es sich zusammenfassen, taugt das ganze Kostüm nichts. *Maria Willert* realisiert in Salzburg als Weißnäherin die Ideen der Kostümbildner. „Manche Entwürfe sehen extrem versteifte und extrem hohe Kragen vor. Dazu kommt manchmal eine mehrfach verstärkte Hemdbrust, in die ich ein Spezialvlies und eine zweite Stofflage einnähe. Dann stöhnen die Sänger und sprechen davon, dass sie sich regelrecht eingezwängt, ja, wie guillotiniert vorkommen und zitieren den Begriff des „Vatermörders". Das war eine hohe Kragenform, die

**Diese Szene aus Richard Strauss: ‚Der Rosenkavalier'
verlangt eine Vielzahl von massgeschneiderten
Uniformen und Gehröcken, Salzburg 2004**

man um 1900 herum trug und die bis zum Kinn reichte."
Historische Kostüme gehören auch zu *Maria Willerts*
Arbeitsfeld. Für die ‚Meistersinger' von Richard Wagner,
die im mittelalterlichen Nürnberg spielen, aber bei der
Inszenierung von 2013 auch biedermeierliche Anklänge
boten, fertigte sie das weite Nachthemd an, in dem
Michael Volle auftrat. Er schätzte dieses Kostüm besonders, weil es eine größtmögliche Bewegungsfreiheit bot
und bei den sommerlichen Temperaturen der Festspiele
im August auch angenehm luftig war. Egal, ob Spitzen-
hemd oder Bauernkittel, die Weißnäherin hat für alles
gleich ihre Schnitte parat. Ihre Arbeit erfordert besonders viel Fingerfertigkeit und Fingerspitzengefühl für
Stoffe von feinstem Batist bis zu handgewebtem Leinen,
dazu größtmögliche Genauigkeit, Geduld und Ausdauer.

Müssen Kostümoberteile für Sänger dehnbar sein?

„Ja! Bei allen Kostümoberteilen für Sänger muss man daran denken, dass der Brustkorb sich beim Einatmen weitet. Bei manchen Tenören sind das 10 oder 15 cm Unterschied zwischen dem aus- und eingeatmeten Zustand", antwortet *Dorothea Nicolai*. Das ist vor allem bei eng anliegenden Kostümen zu berücksichtigen.

Sängerinnen tragen etwa bei historischen Kostümen oft ein Korsett: „Also nähen wir die Korsetts meistens dehnbar. Da gibt es verschiedene Tricks: Man kann Teile aus Gummi einarbeiten, etwa aus Materialien aus dem medizinischen Bereich, die eigentlich für Verbände gedacht und besonders hautfreundlich sind. Oder wir machen eine Schnürung, und zwar nicht mit Baumwollbändern, sondern mit Hutgummi. Dann hat die Sänge-

Der Auftritt von Thomas Hampson als Rodrigo, Marquese di Posa, und von Matti Salminen als Filippo II. in Verdis ‚Don Carlo', Salzburg 2013

Kostümentwürfe für Giuseppe Verdi: ‚Don Carlo' von Dorothea Nicolai, Salzburg 2013

rin nicht das Gefühl, eingezwängt zu sein."
Dorothea Nicolai fährt fort: „Es kommt auch sehr auf die Gesangstechnik an. Es gibt Sänger und Sängerinnen, die sich gern gegen etwas stemmen. Sie mögen ein enges Kostüm, weil sie ihre Muskeln dann gegen das enge Kostüm drücken können.
Andere lieben das gar nicht. Viele von ihnen pumpen mit ihrem Bauch Luft und können deshalb nichts Einengendes vertragen."

Bei Männerkostümen werden Probleme z.B. bei engen Uniformjacken, Gehröcken und Königsmänteln durch eine ganz spezielle Nahtführung im Rücken gelöst.
Auch das höhere Einsetzen von Ärmeln erlaubt größere Bewegungsfreiheit beim Singen.
Es gibt nicht eine Lösung nach einem Schnittmusterbuch, sondern jeder Sänger und jedes Kostüm erfordert eine eigene, ideenreiche Umsetzung. Die vielen eigenen Schnittmuster, die auch in der Herrenschneiderei auf der Kleiderstange hängen für die aktuelle Produktion, erzählen davon. Es gibt zwar sehr hilfreiche alte

Musterbücher etwa zu Uniformen, zu Stickmustern und Emblemen, aber da die Menschen heute ganz andere Figuren haben als vor hundert oder mehr Jahren, lassen sie sich nie einfach nur kopieren. Wo eine doppelreihige Knopfleiste bei einem schlanken, kleinen Offizier im 1. Weltkrieg elegant aussah, kann die gleiche Anordnung bei einem großen Sänger heute plump aussehen. Jetzt ist der Erfindungsreichtum des Kostümschneiders gefragt! Helfen größere Knöpfe? Längere Reihen? Es gibt nur individuelle Lösungen.

Welche Probleme bereiten Hosenrollen?

Eine besondere Herausforderung sind für die Herrenschneiderei die Hosenrollen. Hier müssen Frauen in Männerkleidung gesteckt werden, und das ist gar nicht so einfach.
Gregor Kristen zeigt es am Beispiel der Uniform, die auf der Puppe befestigt ist: Das ist die Uniform für die Hosenrolle im ‚Rosenkavalier' von Richard Strauss. Die Puppe, so könnte man meinen, holen sich die Herrenschneider ein Stockwerk tiefer aus der Damenabteilung. Nein, weit gefehlt. Was macht eine männliche Silhouette aus? Die schmalen Hüften.
Gregor Kristen lässt deshalb eine Männerpuppe so mit einer Art Watte auspolstern, dass oberhalb der Hüften die Konturen abgemildert werden und eine weibliche Taille überspielt wird. Was den Busen betrifft, so braucht es auch hier individuelle Lösungen. Es gibt sogenannte Busenquetscher, die die Oberweite unter die Arme drükken. Aber nicht jede Sängerin hält das aus, denn ihre Atmung kann dadurch beeinträchtigt werden. Dann ist wieder Erfindungsreichtum gefragt.
Hilfreich ist auch die ständige Recherche nach neuen Materialien auf dem Textilsektor. Außerdem hält *Gregor Kristen* fest: „Unsere Kunst ist es, einen Typus zu kreieren, also in diesem Fall den Typus Junger Offizier. Die Sängerin kann in dem Kostüm dann die Rolle glaubwürdig spielen. Sie hat aber auch ein Recht darauf, noch als Frau wahrgenommen zu werden." Die wenigsten Frauen können zudem einen typisch männlichen Gang imitieren, wie es *Gregor Kristen* aufgefallen ist. Umgekehrt gilt: „Stecke ich Männer in ein Frauenkostüm, dann bewegen sie sich automatisch wie eine Frau!" Offenbar beobachten die Geschlechter sich gegenseitig mit unterschiedlicher Intensität.

Entwurf und Realisierung der Kostüme von Jonas Kaufmann (Don Carlo) und Anja Harteros (Elisabetta) in Giuseppe Verdi: ‚Don Carlo', Salzburg 2013

Opernkostüme sitzen immer perfekt, auch wenn die Sänger große Gesten machen. Wie gelingt das?

„Es gilt immer: Ein verrutschendes Kostüm würde die Illusion zerstören!" erklärt *Dorothea Nicolai*. Was die Schnitte der Kostüme betrifft, so gibt es deshalb einige Besonderheiten. Grundsätzlich werden alle übereinanderliegenden Teile eines Kostüms, also beispielsweise Mieder und Oberkleid, mit kleinen Gummis so miteinander verbunden, dass sich nichts verschieben kann bei großen Gesten. Das ist ganz anders als beim Schauspiel. „Oper hat auf der Bühne eine eigene Wirklichkeit!", erläutert *Dorothea Nicolai*. Ein Sänger, der seine Arme hebt, würde anschließend niemals sein Kostüm wieder geradeziehen. Ein Schauspieler dagegen bezieht sein Kostüm in sein Spiel mit ein. Er hebt beispielsweise seine Arme zur Begrüßung und zupft danach sein Kostüm ungeniert wieder zurecht. Für einen Opernsänger werden „Tänzer-Ärmel" in einer ganz bestimmten Technik an sein Oberteil angenäht, sodass er völlige Armfreiheit hat: Nichts verrutscht dabei, selbst wenn er sich über den Kopf greift! Das Oberteil bleibt immer an der gleichen Stelle. Wie gelingt das?
Die Bewegung kommt allein vom Ärmel, der besonders geschnitten ist: Ober- und Unterärmel sind fast gleich lang und direkt angeschnitten. Es ist auch eine Kunst, die Stofffülle, die das verlangt, geschickt zu verteilen.

Wie fertigt man Sängerhosen, die nicht rutschen?

Besondere Herausforderungen für die Herrenschneiderei sind die Kleidungsstücke, die ein Laie als simple Aufgabe einstufen würde, nämlich Hosen! Hosen für Sänger erfordern eine sehr genaue Einzelanfertigung, weil der Bauchumfang eines Sängers im Moment des Singens bis zu 20 cm größer ist, als wenn er schweigt. Wie gelingt es, dass die Hose nicht herunterrutscht?

Braucht jeder Sänger vielleicht Hosenträger?

Gregor Kristen erläutert, dass das etwa bei engen Oberteilen überhaupt nicht möglich wäre, weil sich die Träger durchdrücken würden. Auch im Stil passen sie höchstens zu Opern aus dem 19. und 20 Jahrhundert. Er muss bei jedem einzelnen Kostüm und Sänger eine individuelle Lösung suchen, wie und wo die Hose Halt gewinnt. Und was ist, wenn ein Sänger die Hose verlieren soll? Das stellt den Herrenschneider wieder vor neue Herausforderungen – und dafür lieben die Experten in der Kostümabteilung ihren Beruf!

Alles, was die Ohren bedeckt oder das Hören beeinträchtigt, ist problematisch! Warum?

Das gute Hören der eigenen, aber auch der anderen Stimmen und Instrumente, ist für den Sänger extrem wichtig. Das muss bei den Kostüm- und Maskenentwürfen mit berücksichtigt werden.
Bei der Wahl der Stoffe und der Accessoires muss man vermeiden, dass eine Sängerin oder einen Sänger Geräusche sehr stören. Das können raschelnde Stoffe oder klimpernde Ohrgehänge sein.
Nonnenschleier, Helme, aber auch Hüte und Hauben oder Kapuzen sind problematisch. Bei Hüten wird versucht, die Krempe zu durchlöchern, damit die Schallwellen hindurchkommen.

Bei einem Blick in die Werkstatt der Modistin *Susan Piper* lässt sich Vielfältiges entdecken: Kronen, Stapel mit Herrenhüten, Strohhüte oder phantasievoller Kopfputz aus Spitze, Federn oder Samt. Im Regal reihen sich hölzerne Kopfmodelle ordentlich nebeneinander. Darüber finden sich Filzhüte mit Krempe, sogenannte Capeline, und die Stumpen ohne Krempe in vielen Farben. Eigene Schnittmuster für historische Kopfbedeckungen, z.B. aus dem kirchlichen oder militärischen Bereich, hängen an einer langen Stange.
Hierunter finden sich Kardinalshüte neben Dreispitz oder Zweispitz, wie ihn Napoleon trug.
Susan Piper zeigt, wie aus einer Capeline durch Umschlagen der Krempen ein Dreispitz wird. Ein imposanter Zweispitz benötigt einen speziellen Schnitt.
Für eine Nonnenhaube braucht es eine weiße Kopfbedeckung, die unter dem Schleier das Haar zurückhält. Sie ist aus dehnbarem weißen Material und zeigt deutlich den Ausschnitt für die Sängerohren. Sobald die Ohren sichtbar werden könnten, werden die Stoffausschnitte mit einem undurchsichtigen Spezialtüll geschlossen, der die Schallwellen durchlässt.
Winzige Hutkreationen werden mit Crinolborte ausgestattet, einem Band mit feiner Gitterstruktur, die sich gut im Haar feststecken lässt. *Susan Piper* arbeitet gerade an einem Schleier für Susanne und die Gräfin in Mozarts ‚Figaro'. Beide Sängerinnen brauchen einen identischen Brautschmuck für ein Verwechslungsspiel, mit dem sie den Grafen der Untreue überführen wollen.
Ihre weißen Brautkleider stehen fertig genäht und perfekt gebügelt in der Damenschneiderabteilung auf den Schneiderpuppen.

Figurinen zu ‚Don Carlo', Salzburg 2013

**Kostümentwürfe mit plastischen Veränderungen,
Archiv der Salzburger Festspiele**

Der Tüll des Brautschleiers wird derweil noch mit einer feinen Spitze mit der Hand gesäumt.
Der Kostümbildner schaut während der Arbeit vorbei und prüft, ob die Arbeit seinen Vorstellungen entspricht. Seine Skizzen hängen an der Wand des Ateliers und zeigen auch die Befestigung, in die der Schleier später eingefügt wird: Es sind drei Filzstreifen, die wie eine Kappe auf das Kopfmodell der Sängerin aufgepasst worden sind. Ein Modell aus den 1920er Jahren stand Pate. Es lässt die Ohren frei. Und: Das weiche Material drückt nicht.
Ganz anders ist das bei Metallkronen. *Dorothea Nicolai* erklärt: „Bei Kronen gibt es durch das Material eine Schwierigkeit: Die Kieferknochen, die an den Schläfen ansetzen, dürfen keinen Druck haben. Also bemessen wir Kronen 3 bis 4 cm größer als den Kopfumfang und polstern sie mit einem weichen Material aus."

Warum mögen Sänger selten Ganzkopfmasken?

Probleme besonderer Art bereiten für einen Sänger vor allem Ganzkopfmasken.
Sie werden zum Beispiel aus Varaform hergestellt, d.h., sind wie aus groben Gittern gearbeitet und werden mit einem hauchdünnen Material überzogen. Von innen kann man hindurchschauen, aber nicht von außen.
„Die Gefahr besteht aber, dass es für den Sänger durch die Maske eine kleine akustische Einschränkung gibt, sowohl was sein Hören als auch was die Verständlichkeit seiner Stimme angeht. Man muss dann jeweils auch mit dem Dirigenten abstimmen, ob überhaupt eine solche Maske verwendet werden kann. Mit jedem Sänger muss man zudem grundsätzlich besprechen, wie viel Kopfbedeckung er verträgt."

Und enganliegende Gesichtsmasken?

Was plastische Veränderungen betrifft, so eignet sich dafür ein Material aus der Orthopädietechnik besonders gut: Doysit.
Das Schwierigste sind die enganliegenden Gesichtsmasken, denn das Gesicht eines Sängers verändert sich beim Singen dauernd. Daher werden Masken genau an die Gesichtsform und auch an die Augenform angepasst, denn er soll ja gut sehen können. Zuvor muss ein Kopfabdruck des Sängers genommen und zu einer Gipsplastik ausgegossen werden, die sowohl für die

Das Herstellen eines Ganzkörperkostüms mit einzeln abgenähten Muskelpartien gleicht der Arbeit eines Bildhauers.

Perückenarbeiten als auch für die plastischen Arbeiten herangezogen wird. Im Maskenraum der Kostümabteilung reihen sich deshalb viele gipserne ‚Köpfe' der Festspielsänger aneinander. Die Masken aus Doysit werden mit Unterduck über diese Gipsformen gezogen und sind sehr leicht und flexibel. Sie können mehrfach so bearbeitet, ‚tiefgezogen' und anschließend mit verschiedensten Farben vom Filzstift bis zu Acryl bemalt oder richtig geschminkt werden.

Im Raum mit den vielen Schminktischen und Spiegeln arbeitet die Maskenbildnerin *Cécile Kretschmar*. Sie hat sich gerade die Masken für die Eumeniden, die Rachegöttinnen, in der Oper: ‚Iphigénie en Tauride' von Gluck vorgenommen. Die Göttinnen sollen gesichtslos wirken, ohne individuelle Züge.

Dafür hat *Cécile Kretschmar* einen Schnitt für ein strumpfähnliches Material entwickelt, das die Gesichter leicht zusammenpresst und ihnen die jeweils besondere Form nimmt. Damit die Sänger sich nicht zu beengt fühlen im Bereich Stirn, Backenknochen und Nase und auch gut Luft bekommen, baut sie eine Halbmaske aus einem gipsähnlichen Material ein, die nochmals mit Schaumstoffpolstern ausgekleidet wird. Die Sänger hören und sehen durch diese Maske. Ihre Stimmen dringen auch problemlos durch den Stoff, vielleicht um eine Spur abgemildert. „Tenöre lieben es, wenn ihre hohen Töne dadurch etwas abgedunkelt werden. Bässe sehen das kritischer, weil ihre Stimme eventuell stumpfer klingen könnte", weiß *Cécile Kretschmar* aus Erfahrung zu berichten. Sie hat u.a. schon in einer Faust-Inszenierung in Lyon alle Masken für die Oper von Gounod gefertigt und war dann selbst überwältigt, als der Chor damit auf die Bühne trat: „Quelles belles émotions!" stellte die Französin fest.

Die Verfremdung, die durch Masken geschieht, wirkt offenbar besonders stark auf die Gefühle.

Wie verändert man Körperformen?

Auch hierfür wird Doysit verwendet, wenn man einen Sänger als extrem muskelbepackte Figur à la Batman oder eine Sängerin als eine bucklige Alte kostümieren soll, etwa als Papagena in Mozarts ‚Zauberflöte'. Dieser Buckel muss rasch zu entfernen sein, denn an sich ist Papagena ja ein quirliges junges Ding, das sich nur zeitweise verkleidet, um Papageno zu prüfen.

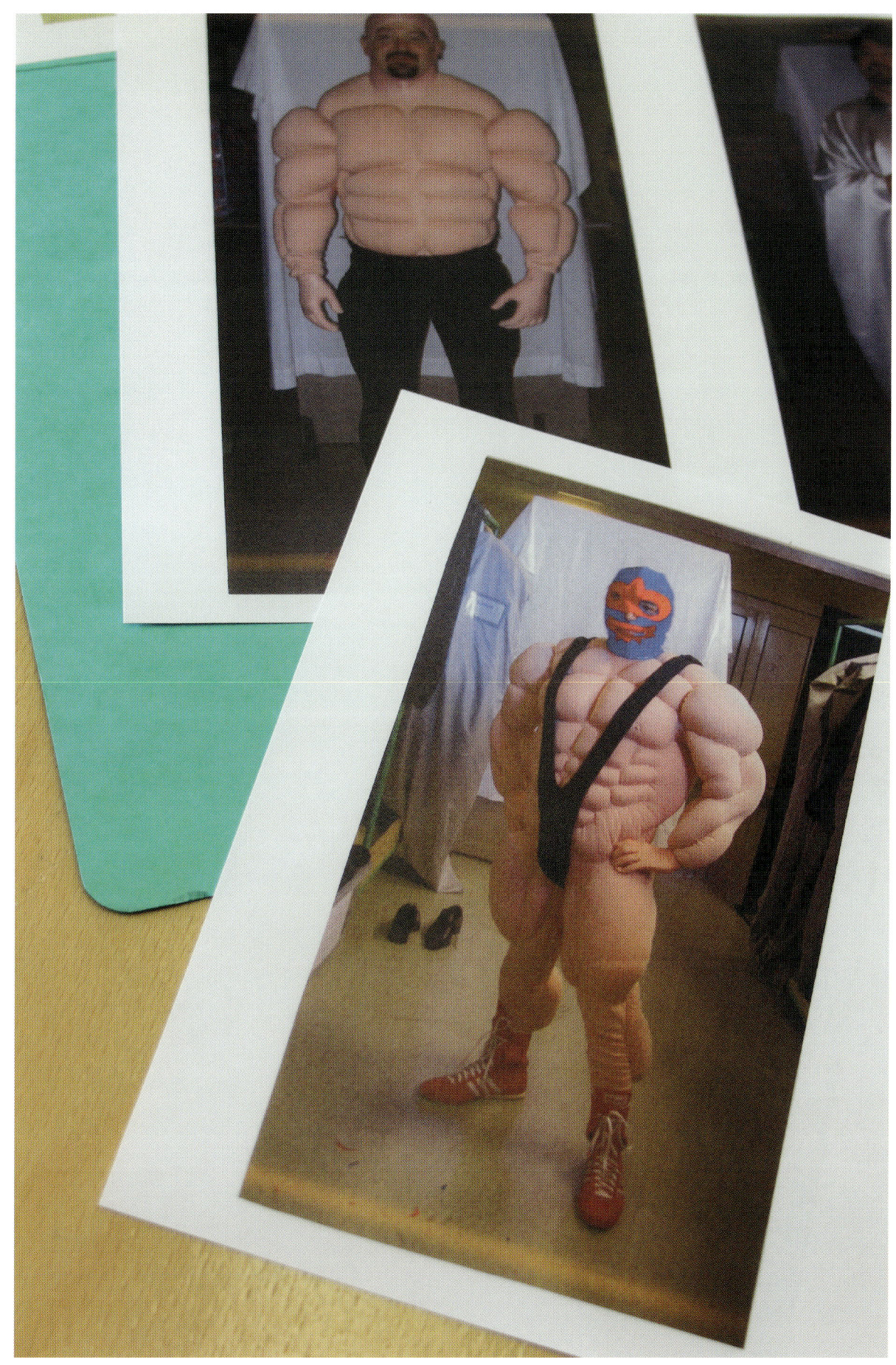

Schnittmuster für Kopfbedeckungen aller Epochen

Einblicke in die Werkstätten der Salzburger Festspiele: Die Schuhmacherin Fabienne Ciocarelli bemalt Brautschuhe und besohlt Schnürstiefel.

Die Hutmacherin Susan Piper bestickt Tüll für Hochzeitsschleier. Beide arbeiten für W.A. Mozart: ‚Le nozze di Figaro', Salzburg 2015

Jeder Solist erhält handgefertigte Schuhe. Warum?

Bequeme und sichere Schuhe mit Antirutschsohlen sind wichtig. „Die Sänger müssen blind gehen können und dürfen nicht auf den Boden schauen. Sonst ist das sofort eine Durchbrechung der Illusion", fasst *Dorothea Nicolai* zusammen. In der Werkstatt zeigt die Schweizerin *Fabienne Ciocarelli* die Rollen mit unterschiedlich starkem Material in hellen und dunklen Farbtönen, die sich neben den Holzmodellen von vielen Sängerfüßen im Regal stapeln. Diese Holzformen, die Leisten, sind wichtig für die Vorbereitung der maßgefertigten Schuhe, die jeder Solist für die aktuellen Produktionen erhält. Werden für den Chor oder die Statisten Schuhe benötigt, so steht ein Fundus dafür zur Verfügung. Es werden auch Schuhe hinzugekauft, wie etwa die weißen Satin-Brautschuhe. *Fabienne Ciocarelli* schneidet auch für sie die Rutschsohlen zu. Insbesondere der normal besohlte dünne Absatz wäre mit seinen harten, klackernden Geräuschen auf der Bühne undenkbar! Ansonsten ist es eine Frage der Schauspieltechnik, dass man besonders leise aufzutreten lernt – was auch den empfindlichen Sängerohren entgegenkommt.
Fabienne Ciocarelli wird den Brautschuh auch bemalen. Verzierungen für weiteres Schuhwerk entstehen aus der Schlangenhaut, die der Kostümbildner selbst für die Figaro-Inszenierung mitgebracht hat. Das Werkzeug, das für diese Arbeiten parat liegt, erinnert an die Skalpelle der Chirurgen und lässt sehr feine Schnitte zu.

Welche Rolle spielt der Kostümbildner im Produktionsprozess?

„Der Kostümbildner schaut in der Vorbereitungsphase auch hier oft einmal zur Tür der Werkstätten herein. Man muss versuchen, sich in ihn und seine Vorstellungen hineinzuversetzen. Es gibt meist auch Spielraum für eigene Vorschläge. Das macht diesen Beruf so spannend!" stellt *Susan Piper* fest. Etwas nur vermisst sie in Salzburg im Unterschied zu Hamburg, wo sie auch in der Staatsoper gearbeitet hat: „Dort überträgt ein Lautsprecher in die Werkstätten, was gerade auf der Bühne passiert. Man taucht so schon einmal in die Musik und in die Atmosphäre einer Inszenierung ein!"
„Kostüme bewegen den Zuschauer!" das ist die Erfahrung aller Mitarbeiter in dieser lebendigen und höchst kreativen Abteilung.

Folgende Seite:
Unsuk Chin: ‚Alice in Wonderland',
Münchner Opernfestspiele 2007

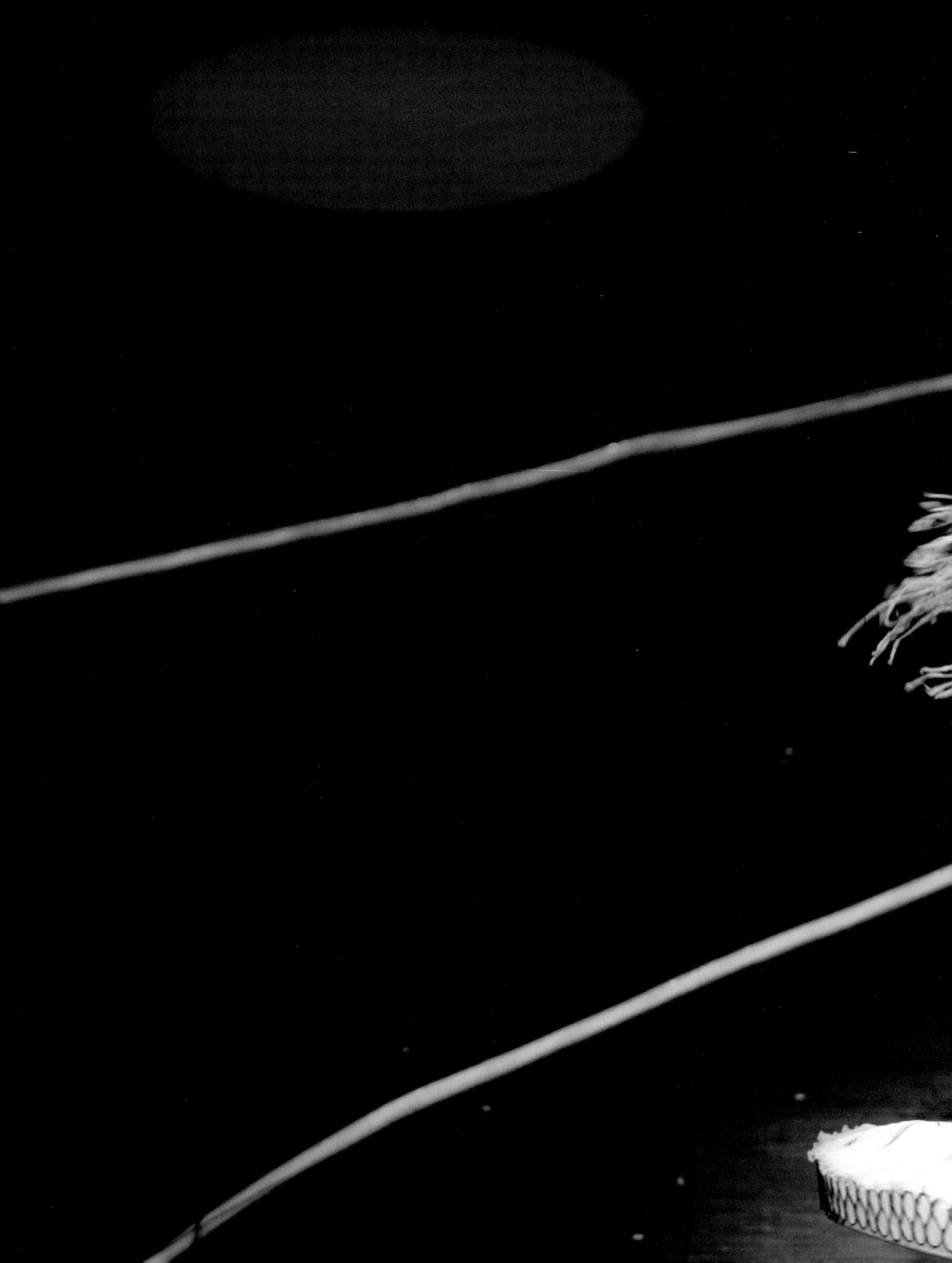

Das Bildnis der Sänger

Wer die Chance hat, eine Generalprobe zu besuchen und dabei einen Platz auf dem Balkon zu ergattern, der kann eventuell dem Opern- und Ballettfotografen *Wilfried Hösl* bei seiner Arbeit über die Schulter schauen.

Vor ihm auf der Brüstung steht das Stativ für seine Kamera, daneben eine weitere Kamera mit silbrig glänzendem Objektiv, das wie ein ellenlanger Trichter zur Bühne weist. Ruhig und äußerst konzentriert verfolgt er jede Sekunde des Bühnengeschehens, wo sich beispielsweise bei temporeichen Aufführungen die Situation pausenlos ändert.

Etwa 1000 Fotos entstehen so in der Regel bei Proben. Anschließend prüft der Fotograf alle Bilder unter dem Aspekt, ob sie technisch einwandfrei und inhaltlich spannend sind. 200 Bilder bleiben in der Regel übrig, die als Nächstes am Computer bearbeitet werden. Das kostet viel Zeit.

Szene aus ‚La Calisto', Bayerische Staatsoper, München 2005

Was sind Ihre Auswahl-kriterien, beispielsweise bei Opernfotos?

„Heute haben die Leute immer weniger Zeit, sich ein Bild anzuschauen. Eine Frage lautet folglich für mich: Welches Bild kann die Aufmerksamkeit der Passanten erregen, die an den Schaukästen vorbeigehen? Oder die Neugierde der Leser wecken, die die Theaterkritiken studieren, das Opernmagazin ‚Die Engelsloge' in der Tageszeitung finden oder die Internetseiten der Staatsoper besuchen – um nur einige Zielgruppen zu nennen. Mal ist es die Ausdrucksstärke eines Portraits, mal die Position der Figuren zueinander, dann der Ausschnitt des Bühnenraums, die Farben, die Lichtverteilung, letztlich die spannende Gesamtkomposition, die ein Bild reizvoll werden lässt.

Im Unterschied zu einem Modefotografen kann ich die Figuren nicht in Posen festhalten. Auf der Bühne sind alle dauernd in Aktion. Ich habe ständig neue Motive vor Augen und muss im Bruchteil einer Sekunde reagieren. Ich kann mich allerdings gut darauf vorbereiten."

Wie begleitet ein Fotograf eine Produktion?

„Von Anfang an bin ich bei einer Produktion dabei. Ich weiß deshalb zunehmend genauer, was auf mich und die Zuschauer zukommen wird.

Dann kann ich mir zumindest schon einmal die besonders spannenden Momente merken und vor allem die Blickwinkel festlegen, aus denen ich sie später fotografieren will. Ich kann mich während der Proben noch frei im Zuschauerraum bewegen."

Bei der Generalprobe allerdings ist das nicht mehr möglich: Hier liegt der Standort des Fotografen in der Mitte des Balkons fest.

Haben sich die Produktionen in den letzten 20 Jahren verändert?

Wie eine Oper inszeniert wird und welche Bilder dabei dem Zuschauer geboten werden, verändert sich im Lauf der Jahre. Der jeweilige Zeitgeschmack spielt auch hier eine wichtige Rolle. „Ein Fotograf muss dazu, d.h. zu der herrschenden Bühnenästhetik, eine Haltung finden. Ich dokumentiere nicht bloß, sondern setze auch sozusagen meine eigene Handschrift unter ein Bild." Die reiche Geschichte der Bildästhetik war ein zentrales Thema für *Wilfried Hösl*, als er von 1997 bis 2010 als Dozent am Mozarteum in Salzburg das Fach Fotografie in der Abteilung für Bühnen- und Kostümgestaltung unterrichtete.

Oskar Schlemmer: ‚Das Triadische Ballett', Bayerische Staatsoper, München 2015

H.W. Henze: ‚Die Bassariden', Bayerische Staatsoper, München 2008

Francesco Cavalli: ‚La Calisto', Bayerische Staatsoper, München 2005

Kristina Opolais (Manon), Jonas Kaufmann (Il cavaliere Renato Des Grieux) in Giacomo Puccini: ‚Manon Lescaut', Bayerische Staatsoper, München 2015

Wie sah Ihre Ausbildung aus?	„Ich habe 4 Jahre lang in Köln Fotografie studiert. Anschließend habe ich mich für eine Assistenz am hiesigen Residenztheater entschieden, weil ich gern in München arbeiten wollte."

Nach weniger als einem Jahr übernahm er die volle Stelle als Theaterfotograf. 10 Jahre später bat ihn der damals neue Intendant der Staatsoper, *Sir Peter Jonas*, für die Oper zu arbeiten. „Seit 20 Jahren begleite ich nun alle Produktionen auf der Opernbühne, seit 17 Jahren auch die des Staatsballetts."

„Ein Glücksfall!", sagt er selbst, denn er hört beim Arbeiten in den Proben, anders als beim Sprechtheater, immer auch die Musik.

Welches sind die Herausforderungen für einen Opernfotografen?	Ein Opernfotograf hat nur 3 Chancen, um gute Bilder zu machen: Bei der Klavierhauptprobe, bei der Orchesterhauptprobe und bei der Generalprobe.

Michael Volle (Wozzeck) in Alban Berg: ‚Wozzeck', Bayerische Staatsoper, München 2009

Adrianne Pieczonka (Ariadne), Burkhard Fritz (Bacchus) in Richard Strauss: ‚Ariadne auf Naxos',
Bayerische Staatsoper, München 2008

Erst zu diesen Terminen ist die Ausstattung in der endgültigen Form festgelegt.

Freilich gibt es auch in diesen Endproben noch Änderungen. Fotos müssen dann plötzlich wegen kurzfristiger Kostüm-, Masken- oder auch Bühnenbildveränderungen verworfen werden.

Die Programmhefte bieten oft 20 bis 30 Fotoseiten und werden über viele Spielzeiten, manchmal über 15 Jahre hinweg verkauft, so lange eben, wie eine Produktion beibehalten wird. D.h., die Ansprüche an solche Programmbücher und ihre Gestaltung sind sehr hoch. Aber die Aktualität steht nicht so stark im Vordergrund wie beispielsweise bei den Plakaten für die Schaukästen. Das bringt trotzdem viel Zeitdruck mit sich.

Woher kommt dieser hohe Zeitdruck bei der Arbeit des Fotografen am Programmheft?

Ein Beispiel geht etwa aus dem Probenplan zur Neuinszenierung von ‚Rigoletto' hervor: Nur 14 Stunden liegen zwischen der Probe an einem Nachmittag von 16 bis 22 Uhr und dem Abgabetermin der bearbeiteten Fotos am nächsten Tag um 12 Uhr mittags.

Bis das Okay zum finalen Druck gegeben werden kann, müssen die Probeseiten nochmals geprüft und eventuell korrigiert werden. Mehrere Korrekturschleifen kann es dabei geben.

Und die Großfotos?

Eine besondere Herausforderung an das Zeitmanagement des Fotografen stellen diese Großfotos, die Plakate, dar: Sie sollen zur Premiere in den Schaukästen entlang der Maximilianstraße hängen. Sie müssen auch im Internet und für die Presse bereitgestellt werden.

Wilfried Hösl erzählt von Proben, einschließlich der Generalprobe, bei denen eine Sängerin einen Schal trug, um den Hals bzw. die Stimme bei den oft schweißtreibenden Partien zu schützen. Einen Schal aber wollte der Regisseur bei der Premiere nicht sehen. Die Probenfotos mit Schal wurden abgelehnt.

Was bleibt in so einem Fall zu tun?

Die Premiere muss dann zum Fototermin erklärt werden. Das passiert auch, wenn am Bühnenbild, an den Requisiten oder an den Kostümen und Perücken im letzten Moment noch etwas geändert wird. So selten ist das, wie gesagt, nicht!

**Christian Gerhaher (Prinz von Homburg) in H.W. Henze:
‚Prinz von Homburg', Theater an der Wien 2009**

Dann muss *Wilfried Hösl* aus dem verglasten Regieraum an der Hinterwand des Zuschauerraums fotografieren und das Geschehen festhalten, das in diesem Moment auch schon die Premierengäste sehen.
Das ist eine große Herausforderung! Die Lichtverhältnisse sind äußerst ungünstig. Das Fotografieren durch das Glas bedeutet zudem eine erhöhte Schwierigkeit. Das Glas ist zwar – anders als früher – entspiegelt, aber jede Erschütterung lässt das Foto unscharf werden. Diese extreme Arbeitsbedingung ist auch gegeben, wenn ein berühmter Sänger eingeflogen wird. Er tritt meist nur ein oder zwei Mal auf. Dann muss während der Aufführung ein Foto für den Schaukasten geschossen werden.

Barbara Hannigan (Agnès) in Benjamin Britten: ‚Written on skin', Bayerische Staatsoper, München 2013

Anja Harteros (Donna Leonora) in Giuseppe Verdi: ‚La forza del destino', Bayerische Staatsoper, München 2013

Wie viel Zeit verbringt der Fotograf mit der Kamera im Opernhaus? Und wie viel Zeit bei der Bearbeitung der Fotos?

Die Zeit für die Bearbeitung ist eindeutig länger als die des Fotografierens. Früher wäre das sofortige Reagieren mit großformatigen, farbigen Fotos auf neue Situationen unmöglich gewesen. Bis 2002 etwa hat *Wilfried Hösl* in der operneigenen Dunkelkammer jedes Bild selbst entwickelt und vergrößert. Nur Farbfotos wurden generell außer Haus gegeben.

Heute steht im ehemaligen Labor ein Plotter, der ein Foto auf ein Maß bis zu 120 cm vergrößern und gleich ausdrucken kann. Noch am Abend nach der Premiere kann der Fotograf also ein aktuelles Bild in den Schaukasten hängen lassen. Das allerdings bedeutet auch immer wieder erhöhten Zeitdruck, insbesondere während der Opernfestspiele, wenn die berühmten Sänger zu Gast sind. Dann ist *Wilfried Hösl* 45 Tage nahezu ohne Unterbrechung an der Arbeit. Die anschließenden Theaterferien bis Mitte September sind hart verdient!

Welche Voraussetzungen muss man für diesen außergewöhnlichen Beruf mitbringen?

Liebe zur Musik, zur Literatur und zur Kunst der Fotografie: Das vor allem macht nach *Wilfried Hösl* einen Theater-, Ballett- und Opernfotografen aus. Welches spannende Bild von einer Produktion im Internet, in der Presse und in den Programmbüchern verbreitet wird, daran hat er den entscheidenden Anteil. In seinem riesigen Archiv ist *Wilfried Hösl* Herr über 30 Jahre lang gesammelte Dokumente über Theater, Oper und Ballett in München.

Während die analog aufgenommenen Bilder langsam verblassen, bleiben die digital gespeicherten farbecht. Und letztere beanspruchen keine Kästen – aber sie werden auch nicht mehr so wertgeschätzt wie früher, wo jedes einzelne Bild mühsam entwickelt, vergrößert und archiviert wurde. Zudem erwartet heute jeder, der bei ihm um Fotos bittet, sofort bedient zu werden: Digitale Fotografie ist Fluch und Segen zugleich!

Anna Netrebko in der Garderobe vor ihrem Auftritt als Violetta in Giuseppe Verdi: ‚La Traviata', Bayerische Staatsoper, München 2005. Hier hängen Arbeiten früherer Fotografengenerationen.

Entdecker,
Förderer,
Beschützer,
Netzwerker

Gibt es so etwas wie Stimmensucher?

Wo findet man Stimmensucher?

Es gibt sie tatsächlich. Sie sitzen als Juroren in Wettbewerben oder arbeiten als Castingdirektoren besonders für Festspiele.

Wie wird man Stimmensucher?

Toni Gradsack, Castingdirektor u.a. bei den Salzburger Festspielen, an der Oper in Zürich oder bei den Bregenzer Seefestspielen fasst im Rückblick seinen eigenen Werdegang so zusammen:
Man muss möglichst alles selbst ausprobiert haben: das Singen von Musical bis Oper, das Tanzen, das Theater- und Opernleben in der Provinz und an großen Häusern mit all den vielen verschiedenen Aufgaben, kleinen und großen. Dann kann man einschätzen, welche Leistungen erbracht werden müssen.

Welche Aufgaben hat er?

Er muss zum Beispiel für die Produktionen der Festspiele Sängerinnen und Sänger auswählen.

Wo findet er die Sänger?

Er hört sich viele Gesangsveranstaltungen an, etwa in Musikhochschulen wie dem Mozarteum, oder in den verschiedensten Opernhäusern der Welt.
Außerdem nimmt er an zahlreichen Wettbewerben als Jurymitglied teil. Er lädt auch zum Vorsingen ein.
Etwa 400 Sänger haben sich bei einem Vorsingen für die Festspiele beworben, davon hat er 59 ausgewählt.

Wie läuft ein Vorsingen bei ihm ab?

Ganz anders, erläutert er, als oft an Opernhäusern, wo Vertreter des Direktoriums im dunklen Zuschauerraum sitzen, in die Hände klatschen und: „Bitte!", schließlich: „Danke!" rufen, damit der Sänger oder die Sängerin wie auf Knopfdruck 3 Partien zu singen beginnt oder

damit endet. „Das ist degradierend!" findet er.
Viele junge Sänger sind aufgeregt, wenn sie vorsingen sollen. Deshalb gibt es bei *Toni Gradsack* erst einmal ein lockeres Gespräch. Dabei entsteht eine Situation, in der das Vorsingen möglichst Freude machen soll.

Wie schafft er das?	Er bietet einfach ein Glas Wasser an, dann, so seine Erfahrung, fällt die größte Nervosität meist schon ab. Atmen die Sänger vor Aufregung immer noch angespannt, so bittet er sie, erst einmal Platz zu nehmen. Sitzen sie auf einem Stuhl, singen sie zwangsläufig mit Stütze, d.h. mit tiefer Atmung, verrät *Toni Gradsack* seinen kleinen Trick. Er spricht mit den Bewerbern über ihre Partien, lässt auch mal nur ein kleines Stück Mozart vorsingen statt der endlos langen Donizetti- oder Belliniarien, die die Gesangslehrer oft einstudieren und die kein Juror mehr hören mag. Für ihn sind Mozart- und Barockarien die wahren Prüfsteine.
Und wenn jemand einen schlechten Tag hat?	Dann bestellt ihn *Toni Gradsack* in vier Wochen wieder ein und gibt ihm eine Aufgabe mit, z.B. eine Mozartarie.
Warum gerade Mozart?	„Bei Mozartarien kann man das technische Können und das künstlerische Potential eines Sängers oder einer Sängerin ablesen. Mozart ist die Hohe Schule der Gesangskunst. Man kann dabei nicht schummeln wie bei gefühlsgetragenen Partien, etwa bei Puccini. Man muss Linie singen."
Und wenn ein Sänger die Einladung etwa nach Salzburg zu den Festspielen bekommt? Was heißt das für den Sänger – und auch für den Castingdirektor?	Beide hoffen, dass sich die Stimme im Laufe des dazwischenliegenden Jahres so entwickelt wie gewünscht. Aber: Eine Garantie gibt es nicht! Schicksalsschläge, technische Fehler, Überanstrengung, Singen der falschen Partien und vieles mehr kann eine Karriere gefährden. „Sänger zu sein ist ein schwerer Beruf, und ich habe größten Respekt davor!" Umso mehr will er helfen. Sein Tipp: „Traut euch auf die Bühne, macht Erfahrungen, auch Misserfolge gehören dazu, geht bis an die Grenzen und stellt euch euren Grenzen, um dort weiterzuarbeiten."

Wie unterstützt er die Sänger?	Er bietet ihnen Praxiserfahrung: Sie können in Salzburg Rollen erproben, etwa in den großen Produktionen, in den Kinderopern oder bei der Gala des Young Singers Projects. Überall dürfen sie hier mit den weltbesten Dirigenten, Liedbegleitern und Orchestern singen und vor allem: Kontakte knüpfen. Er selbst hat durch seine Jahre an den verschiedensten Opernbühnen ein großes Netz an Kontakten aufgebaut, viele Stimmen kennengelernt und gefördert – nicht zuletzt dank Absagen der berühmten Solisten!
Das Einspringen ist eine Chance. Warum?	Er hat in Zürich bei 280 Vorstellungen pro Saison manchmal mit 3 bis 4 Absagen monatlich zu tun gehabt. Das Einspringen bedeutet oft einen Karriereschub für junge Künstler. Sie bekommen dadurch die Chance, sich in einem großen Haus zu profilieren. *Jonas Kaufmann* und *Piotr Beczala* etwa kamen so erstmals nach Zürich – und dann ließ man sie nicht mehr gehen mit ihren unverwechselbaren Stimmen!
Woran erkennt er besondere, herausragende Sänger?	*Toni Gradsack* erzählt, dass sich die Haare an seinen Unterarmen sogar aufstellen, wenn ihn eine besondere Stimme sozusagen elektrisiert. Und er hat viele Beschreibungen für das Timbre, die ganz persönliche Stimmfärbung eines Sängers: Vom „Parfum in der Stimme", vom „Silbervogel", von „schwebenden Tönen", von „Silberklang" ist die Rede, von besonderen Obertönen, von Klarheit und Reinheit bei Mozartpartien. Es ist aber nicht nur die unverkennbare Stimme, die eine Sängerpersönlichkeit ausmacht. Sie muss voller Energie stecken und die Energie weitergeben können an das Publikum. Der Musikalität und dem „Brennen" für die Musik, für das Singen, dem spürt der Stimmenscout nach!

Wo Experten wie ‚Trüffelschweine' und ‚Juwelenhändler' arbeiten: Die Künstleragenturen

Was ist eine Künstleragentur?

Diese Frage richtet *Justus Treeger* von den Tölzer Sängerknaben an *Verena Vetter*, die mit zwei weiteren Geschäftsführern die Agentur: ‚Künstlersekretariat am Gasteig' in München leitet. Sie zieht zur Erklärung mehrere Vergleiche heran: Hier arbeiten Experten im Bereich Klassischer Musik, die wie Trüffelschweine immer auf der Suche nach besonderen Begabungen sind, in ihrer Agentur speziell im Bereich Gesang, Instrumentalmusik und Dirigat. Haben sie solche außerordentlichen Künstler gefunden, dann sind sie wie Juwelenhändler, die so sorgsam wie möglich mit dieser wertvollen „Ware" umgehen. „Eine Künstleragentur ist wie ein Laden: Man bekommt dort Sänger, Instrumentalisten, Dirigenten, je nachdem, was man vorhat, welches Stück man aufführen möchte. Hier kann man sich beraten lassen und einen Künstler engagieren."

Wer arbeitet in der Agentur?	„Wir sind drei Geschäftsführer, die sich auf je eine Künstlergruppe spezialisiert haben. Mein Kollege z.B. vertritt Dirigenten und Instrumentalisten, meist Streicher, aber auch einen berühmten Pianisten: *Lang Lang*. Ich betreue ausschließlich Sänger. Wir arbeiten mit einem Rechtsanwaltsbüro zusammen, wenn wir spezielle Fragen haben. Und diese Fragen werden immer mehr. Und wir haben eine eigene Pressespezialistin, denn es ist unglaublich wichtig, dass man gut mit der Presse zusammenarbeitet und die Informationen richtig herausgibt. Das bestimmt, wie die Künstler später im Fernsehen, in der Zeitung, im Radio gesehen werden."
Machen Sie selbst auch etwas Künstlerisches?	„Ich würde 100% sagen: Ja! Ich empfinde die Arbeit als eine sehr künstlerische, auch wenn ich selber nicht professionell auf der Bühne stehe und singe. Man kann unglaublich viel Einfluss nehmen."
Wie können Sie Einfluss nehmen?	„Man muss in Gesprächen sehr viel Gespür haben für sein Gegenüber und z.B. herausfinden: Möchte mein Gesprächspartner für ein Werk eine große, saftige, vollstimmige Besetzung haben oder ist es ein Dirigent, der mit historischen Instrumenten arbeitet und es filigraner wünscht? Da kann ich mit meinen Empfehlungen mit beeinflussen, wie sich die Ensembles mischen."
Wie wird man Agentin für Sänger?	„Ich habe selbst gesungen und bin mit Gesang aufgewachsen. Ab meinem 5. Lebensjahr war ich im Chor, und dann kamen auch immer wieder solistische Auftritte. Es wäre sicher ein Wunschtraum gewesen, selber eine Solokarriere zu starten, aber vielleicht hat mir der nötige Wille gefehlt, zu fordern: ‚Ich will aber Gesangsunterricht haben.' Ich habe sehr früh viel und gern organisiert und ein Geschick zum Vermitteln gespürt. Das braucht man. Schon als Jugendliche und später als Studentin war ich schnell im Chorvorstand. Im Unichor habe ich mich zum ersten Mal um die Solisten gekümmert und entdeckt: Da kann ich mit der Musik arbeiten, die meine Leidenschaft ist und mit der ich mich am liebsten von früh bis spät beschäftige.

Vor rund 20 Jahren habe ich mit einem Praktikum hier in dieser Agentur angefangen. Dass man so wie ich vom Praktikum bis zur Gesellschafterin in einer Agentur bleibt, ist heute kaum mehr der Fall."

Was bieten Sie einem Künstler im Einzelnen?

„Viel Knowhow, viel Beratung und ganz wichtig: Kontakte. Wir können die Türen öffnen, denn eine gute Agentur kennt einfach an jedem Haus denjenigen, der entscheidet. Im allerbesten Fall läuft es so, dass er sagt: ‚Wenn Sie den Künstler empfehlen, dann weiß ich, dass er gut ist.' Das muss das Ziel sein. Damit verbunden ist eine Riesenverantwortung."

Gibt es heute auch Künstler ohne Agentur, die sich ganz allein vertreten?

„Ja, die gibt es. Und es gibt auch erfolgreiche, die das tun. Man muss dann als Künstler extrem organisiert und sehr strukturiert sein. Man darf keine Probleme damit haben, sich selbst darzustellen und notfalls zu sagen: ‚Für diese Gage kann ich nicht auftreten!'
Als Agentin kann ich für einen anderen sehr wohl so sprechen und mich für ihn stark machen."

Sie vertreten sehr viele berühmte Künstler. Wie finden Agenturen ihre Künstler? Oder finden die Künstler Ihre Agentur?

„Wir suchen sie. Wenn sie zu uns kommen, dann sind sie meistens noch sehr jung und unbekannt. *Christian Gerhaher* zum Beispiel war gerade mit seinem Gesangsstudium fertig, als er uns angerufen und gesagt hat, wir müssten uns kennenlernen. Es passiert auch, dass einer unserer Künstler sagt: ‚Da habe ich einen jungen Sänger getroffen, der hat uns ausnehmend gut gefallen.' Oder ein Dirigent sagt: ‚Ich habe hier mit einer jungen Geigerin zusammen gearbeitet, die müsst ihr euch unbedingt anhören.' Es gibt verschiedenste Wege."

Gibt es auch so etwas wie „Künstlerklau"?

„Ja, das gibt es zu Hauf! Denn die Künstler, die bei uns auf der Liste stehen, die gibt es nur bei uns. Wenn etwa der Tölzer Knabenchor ein Weihnachtsoratorium plant und wünscht sich dafür jemanden wie zum Beispiel Wiebke Lehmkuhl für eine Solopartie, dann kann er sie nur bei uns bekommen.
Wenn nun andere Agenten denken: ‚Hm! Die ist aber gut und die hätte ich auch gern!', dann kann es passieren, dass sie versuchen, sie abzuwerben.

Mir ist das jüngst passiert, dass einer meiner Tenöre gefragt wurde, ob er denn glücklich sei mit seiner Agentur. Er hat geantwortet, dass er in der Tat sehr glücklich sei und hat es mir postwendend erzählt. Was auch anders laufen kann …
Je stabiler eine Partnerschaft, umso weniger anfechtbar ist sie von außen, das gilt auch in einer Agentur."

Was ist das Besondere am Liedgesang?

„Das Lied ist eine ganz besondere Rarität und Kostbarkeit. Um Lieder in ihren je eigenen Kontexten zu lernen, die Literatur dazu zu studieren und jedes einzelne Lied zu gestalten, ist oft viel mehr Vorarbeit nötig, als für eine Konzert- oder Opernpartie. Es ist auch viel mehr Arbeit, eine Liedkarriere aufzubauen. Der Sänger muss anfangs bereit sein, für wenig Geld in irgendwelchen kleinen Konzertsälen Liederabende zu geben. Den Zwang zur Entscheidung, die Studenten schon bei der Ausbildung an den Hochschulen zwischen Lied-, Konzert- und Operngesang treffen müssen, finde ich ganz unklug. Ich finde, es gibt Sänger und die müssen neugierig sein und interessiert daran: Was gibt es alles für meine Stimme? Und für diese Sänger interessieren wir uns."

Gibt es Fallen in Verträgen?

„Die Medien sind inzwischen sehr wichtig geworden, und so gibt es unendlich lange Medienparagraphen in den Verträgen. Darin steht, was man alles akzeptieren soll, ohne dafür zusätzlich bezahlt zu werden. Veranstalter beanspruchen manchmal alle Rechte nur für sich: CD- und DVD-Rechte, Rechte an Rundfunk- und Fernsehübertragungen. Wir müssen genau prüfen, ob auch der Künstler berücksichtigt wird und zum Beispiel wenigstens das Recht bekommt, einen Ausschnitt aus Produktionen auf seine Website zu stellen.
Das ist nicht selbstverständlich.
Eine andere Falle ist, dass in vielen Verträgen steht, vor allem in Opernverträgen: Wenn der Künstler nicht zur Zufriedenheit des Dirigenten oder der musikalischen Mannschaft singt, dann darf der Vertrag einfach aufgelöst werden. Das ist etwas Neueres, wogegen ich sehr kämpfe. Es gibt natürlich Sänger, die nicht mehr unbedingt in der Topverfassung sind und trotzdem in einer Produktion mitsingen, weil sie einfach das Geld brauchen. Wir versuchen, diese Klauseln immer aus dem

Vertrag zu streichen. Wir stehen für die Künstler, die wir vertreten. Wenn es den Fall geben sollte, dass der Künstler nicht in der Lage ist, die Partie zu meistern, dann werden wir auch den Veranstalter berücksichtigen, und man sucht nach einer gemeinsamen Lösung.

Dieser allgemeinen Tendenz des Misstrauens, alles bis ins Kleinste für alle Eventualitäten abzusichern und zu regeln, möchte ich entgegentreten: Gegenseitiges Vertrauen zählt für mich."

Gibt es Klauseln in Verträgen, dass z.B. Opernsänger zurücktreten können wegen künstlerischer Differenzen?

„Nein, es gibt keine Klauseln, die das erlauben.
Aber es gibt immer mal wieder die Situation, dass man bei Proben an einen Punkt kommt, an dem man sagt: ‚Ich kann so nicht arbeiten. Ich kann nicht das machen, was verlangt wird.'

Und wenn man sogar bereit ist, einen Vertrag zu kündigen, für den man vielleicht viel Geld bekommen hätte, dann halte ich es für unmöglich zu sagen: Der Vertrag zwingt dich aber, das zu tun.

In dieser angespannten Situation kann keine künstlerische Leistung erbracht werden – und dann hat auch das Publikum nichts davon."

Was verdient ein Künstler? Gibt es Höchstgagen?

„Es gibt z.B. in Deutschland die staatlich subventionierten Häuser. Da spricht man von den sogenannten Höchstgagen für die Stars. Es wird versichert, dass niemand mehr bekommt. Anders ist es z.B. bei Großveranstaltungen wie Konzerten im Olympiastadion, am Odeonsplatz oder am Königsplatz in München oder auf der Berliner Waldbühne. Da werden mitunter auch viel höhere Gagen ausgehandelt."

Was verdient die Agentur?

„Eine Agentur bekommt einen vorher vereinbarten Prozentsatz der Künstlergage. Es ist also meist nicht so, dass der Künstler in irgendeiner Weise in Vorlage treten und dafür zahlen muss, dass ihn die Agentur vertritt.
Wir erhalten nur Provision für die Vorstellungen, die der Künstler tatsächlich gegeben hat. Es gibt Agenturen, die auch eine Provision verlangen, wenn der Künstler absagen muss. Man muss dazu sagen, dass die Agentur ja das geleistet hat, was sie tun muss, nur der Sänger konnte seinen Part nicht erfüllen. Wenn ein Künstler eine

schlechte Phase hat und große Produktionen absagen muss, dann reißt das natürlich große Löcher sowohl in seinen Geldbeutel als auch in den der Agentur."

Muss man heute schön sein, um Erfolg zu haben?

„Schön sein hilft. Aber das war immer und überall schon so! Meine Erfahrung ist vor allem aber diese: Derjenige, der unverwechselbar ist, etwas Besonderes ausstrahlt, der den Menschen wirklich etwas voller Esprit mitzuteilen hat, der begeisternd wirkt und nicht nur Seifenblasen von sich gibt, setzt sich dann auch durch, unabhängig von seinem Äußeren. Es gibt ein echtes Bedürfnis nach Menschen, die etwas Wichtiges mitzuteilen haben."

Wie füllt man die Kalender der Sänger? Welche Probleme gibt es?

„Für einen jungen Künstler den Kalender zu füllen, ist viel leichter als denjenigen eines berühmten Sängers. Manche Kalender könnte man mehrfach füllen – und zwar nur mit schönen Anfragen! Da ist auch seitens des Künstlers zu entscheiden: Was nimmt man an? Was nimmt man nicht an? Gibt es genügend Lücken, damit dem Sänger Zeit bleibt, Kräfte zu tanken?
Die Kunst besteht darin, eine Karriere ausgewogen zu steuern und für eine lange Zeit auf einem guten Niveau zu halten."

Es gibt Sänger, die zu viel aufgetreten sind und ihrer Stimme damit geschadet haben. Wie kommt es dazu?

„Ein tolles Angebot abzulehnen, ist nicht einfach. Das Erste, was wir einem jungen Sänger ans Herz legen ist: Das Wichtigste ist, ‚Nein!' zu sagen und darauf zu vertrauen, dass das nicht das Ende der Karriere ist. So etwas kommt auch wieder!
Und zweitens: Es kann immer einen Agenten, Dirigenten, Operndirektor oder ein Plattenlabel geben, die dir sagen: Tu dies oder jenes.
Aber wenn deine Stimme kaputt ist, wirst du rasch durch einen anderen Sänger ersetzt. Und eine neue Stimme bekommst du nicht. Die Verantwortung hast du. Schau dir diejenigen an, die dich beraten und hör auf deine innere Stimme. Hab auch den Mut, wenn du merkst, dass eine Entscheidung falsch war, zu sagen: ‚Ich habe mich geirrt! Ich kann das nicht singen bzw. spielen. Dafür kann ich anderes besser'."

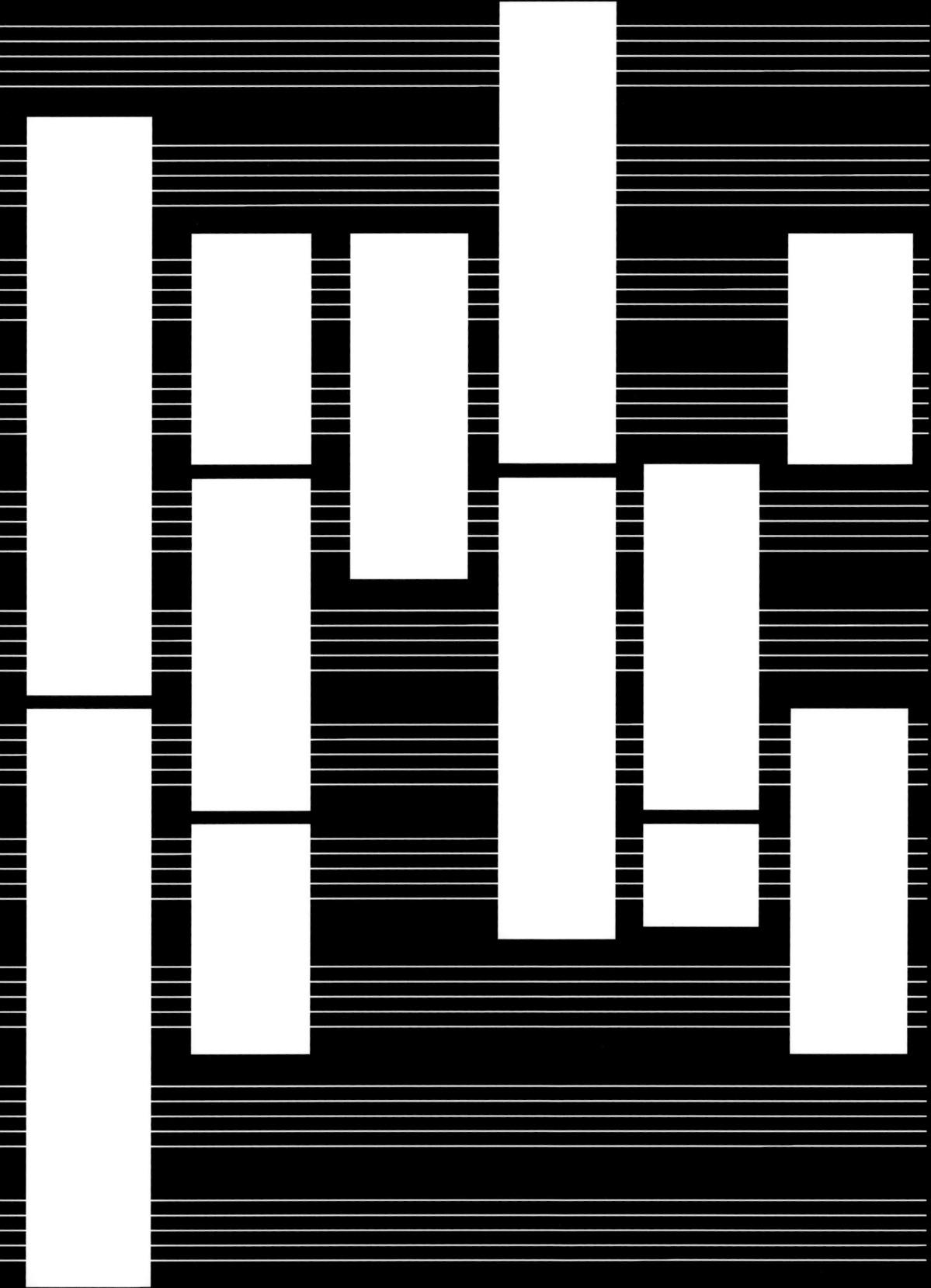

Gespitzte Ohren, gespitzte Feder: Wie arbeiten Musikkritiker?

Geht man vom Großen Festspielhaus in Salzburg durch einen breiten Torbogen hinein in den Innenhof der Alten Universität, so trifft man dort auf ein Schild, das zum mobilen Studio des Bayerischen Rundfunks weist. Dort arbeitet *Bernhard Neuhoff*, Redaktionsleiter von BR-Klassik, zeitweise während der Festspiele. Besonders begehrt beim Publikum sind die Opernpremieren.
Nur schwer sind dafür Karten zu erhalten. Aber wenn man nicht selbst dabei sein kann, bieten Live-Übertragungen die Chance, sich einen Eindruck von einer Neuproduktion zu verschaffen. Die Kritik von *Bernhard Neuhoff* kann man schon am Morgen nach der Aufführung um 7:30 Uhr im Rundfunk hören oder online nachlesen.

Die Salzburger Inszenierung von Beethovens ‚Fidelio' mit Jonas Kaufmann als Florestan und Adrianne Pieczonka als Leonore, Salzburg 2015

Wie schaffen Sie es, eine Premierenkritk in so kurzer Zeit zu verfassen?	„Eine Premiere dauert abends mindestens bis 22 Uhr. Bis 6 Uhr des nächsten Morgens müssen der Text und das Sendungskonzept fertig sein. Deshalb kann ich nach der Aufführung mit den Kollegen kein Bier mehr trinken, sondern muss mich gleich an den Schreibtisch setzen."
Und wann sprechen Sie den Text ein?	„Um 6 Uhr in der Früh nehme ich mein Fahrrad, radle zum Studio und treffe dort den Techniker. Die Musik liegt bereit: Den Mitschnitt der Premiere stellt uns der ORF zur Verfügung. Ich muss dann die Auswahl treffen für einen Beitrag von etwa 3,5 Minuten."
Welches Ziel verfolgen Sie bei der Arbeit an einem solchen Beitrag?	„Ich will zunächst Informationen geben, indem ich Eindrücke ganz zeitnah schildere. Der Hörer oder Leser kann anhand dessen prüfen, ob er das ebenso gehört hat oder, bei einer Oper, ebenso gesehen hat. Vielleicht ist manches dem Hörer noch gar nicht aufgefallen. Oder er möchte widersprechen. Ich sehe meinen

| | Beitrag auch als Aufforderung zu einem Dialog. Man kann mir ja auch tatsächlich antworten, was immer mehr über das Internet geschieht." |

Wie ist eine Kritik aufgebaut?

„Zunächst schildert man beispielsweise eine Opernaufführung so, dass beim Hörer ein Bild im Kopf entsteht. Man thematisiert damit oft zuerst das Regiekonzept. Nehmen wir z.B. ‚Fidelio' Inszenierungen. Die Oper spielt in München in einem gläsernen Labyrinth, in Salzburg auf einer schrägen Ebene und keineswegs in einem unterirdischen Verlies wie bei Beethoven. Als Kritiker muss man von der Oberfläche zur Idee fortschreiten, die dahinterstecken könnte. Man bietet eine Deutung an. Dann fragt man: Funktioniert diese Grundidee über das ganze Stück hinweg? Ganz wichtig ist mir, dass man vor lauter Regie die Musik nicht vergisst. Auch wenn wir im Radio viel weniger Platz haben als in der Zeitung, müssen die wichtigsten Sänger und der Dirigent eingehend berücksichtigt werden."

Wie wichtig sind die Musikbeispiele?	„Ein Musikkritiker ist ein geschulter Hörer. Er kann auf Besonderheiten aufmerksam machen. Grundsätzlich gilt: Wort- und Musikbeispiele sollen in einem stimmigen Verhältnis zueinander stehen."
Welche Stimmen eignen sich für den Rundfunk?	„Allgemein sollte die Stimme eines Rundfunkjournalisten eher dunkel sein. Wichtig ist die positive Grundausstrahlung der Stimme, die emotionale Botschaft. Die Sprecher müssen also mit ihrer Stimme eine Verbindung zum Hörer aufbauen können."
Braucht er eine spezielle Sprecherausbildung?	„Nein, aber es gibt Coaches, zu denen man immer wieder geht."
Welche Fehler muss man als Sprecher vermeiden?	„Ein typischer Anfängerfehler ist es, wenn man jedes einzelne Wort betont wie ein Redner auf einem großen Platz. Tatsächlich erreicht man im Rundfunk sehr viele Zuhörer. Aber eigentlich spricht man in die Wohnzimmer, zu einzelnen Hörern und nicht zu einer Menschenmenge. Man sollte ganz normal, wie in einem Zweiergespräch sprechen."
Wie wird man Musikkritiker?	„Es gibt keinen vorgeschriebenen Ausbildungsweg. Ich selbst bin vom Studium her Germanist. Musik spielte aber bei uns zu Hause eine große Rolle, dafür sorgte meine Mutter, die als Schulmusikerin arbeitete. Ich selbst habe in Laienchören gesungen und Bratsche gelernt."
Spielen Sie heute noch Bratsche?	„Ja, jede Woche mache ich ein bis zwei Mal Kammermusik mit Freunden, aber als Laie, nicht als Profi."
Warum haben Sie Germanistik gewählt?	„Auch Musikwissenschaften wären denkbar gewesen. In diesem Fach stand aber bei meinem Studienbeginn die Analyse der Noten im Zentrum. Ich habe es nur als Nebenfach gewählt und den Schwerpunkt auf Germanistik gelegt, denn mich interessierte am meisten die Interpretation. Der Interpret etwa eines Schubert-Liedes lässt dieses Werk auf seine ganz eigene Weise lebendig werden. Und das interessiert mich: Was erfahre ich

Die Münchner Produktion mit Hanna-Elisabeth Müller als Marcelline und Anja Kampe als Leonore in Ludwig van Beethovens: ‚Fidelio', Bayerische Staatsoper, München 2012

durch den Sänger neu über die Komposition, die vor fast 200 Jahren geschrieben worden ist?"

Hat der Interpret damit eine Schlüsselposition?

„Ja, er kann mir ein Werk tatsächlich neu erschließen."

Und welche Rolle spielt der Komponist dabei?

„Er hat eine Botschaft verfasst, die erst hörbar wird, wenn sich Musik ereignet."

Was sind die Qualitäten eines Musikkritikers?

„Musikkritiker sind im Idealfall besonders gute Zuhörer. Sie sind Profis darin, erlebbare Dinge auszudrücken und den Hörern zur Überprüfung zu geben.
Und sie halten die Kunstform z.B. der Oper oder des Liedgesangs im Gespräch."

Musik im Kopf? Das Singen in der Hirnforschung

Wie wirkt sich Singen und Musizieren auf die Leistung des Gehirns aus? Oder: Macht Singen schlau? Man singt vor einer Schulaufgabe eine Mozart-Arie, und schon werden die Noten besser? So einfach ist es leider nicht. Fest steht nach zahlreichen Versuchen, dass Musik insgesamt vielfältige Wirkungen hat auf Intelligenzleistungen, Gedächtnis, Lernen, Gefühle, auf Hirnvernetzung und Struktur.

Wie kann man die Leistung des Gehirns beim Singen feststellen?

Ein Experiment: *Boris Kleber* von der Universität Tübingen hat mit seinen Kollegen einen interessanten Versuch zur Hirnleistung beim Singen durchgeführt.
Er selbst, der aus einer Musikerfamilie stammt, ist nicht nur Wissenschaftler mit dem Spezialgebiet Kognitive Neuropsychologie, sondern hat auch Tanz und Gesang studiert. Deshalb interessiert ihn, was bei Sängern im Gehirn vor sich geht, wenn sie Höchstleistungen erbringen müssen.

Um die Teilnehmer des Versuchs miteinander vergleichen zu können, muss er wichtige Daten von ihnen wissen, zum Beispiel fragt er:

1. Sind Sie Rechts- oder Linkshänder?
   Das ist wichtig zu wissen, denn das Gehirn arbeitet in den zwei Hälften bei Rechts- und Linkshändern unterschiedlich. Ein Vergleich von beiden Gruppen wäre ähnlich wie das Vergleichen von Äpfeln mit Birnen.

2. Wie alt sind Sie?

3. In welchem Alter haben Sie die erste Gesangsstunde genommen?

4. Wie viele Stunden in der Woche haben Sie in den letzten 3 Monaten geübt?

5. Singen Sie auf der Opernbühne Solo oder im Chor?

6. Sind Sie noch Student?

Wenn er alle Daten gesammelt und in Statistiken eingefügt hat, beginnt das eigentliche Experiment, in diesem Fall mit dem Ziel, folgende Frage zu beantworten:
Was passiert im Gehirn von Sängern während des ‚stillen' Singens im Vergleich zum lauten Gesangsvortrag?
Beim lauten Singen muss das Gehirn komplexe motorische Abläufe koordinieren und dabei das Feedback vom Hören und Fühlen zur Kontrolle der Stimme berücksichtigen. Letzteres ist beim nur vorgestellten Singen nicht vorhanden. Inwieweit können bei diesem Singen dennoch primäre motorische Areale und solche für das Feedback des Fühlens und Hörens aktiv sein?

Was müssen die Sänger während dieses Experiments tun?	Sie singen zuerst eine bekannte italienische Arie laut, so wie auf der Bühne. Danach singen sie die gleiche Arie nur in ihrer Vorstellung, also so, dass niemand einen Ton hört.
Wozu dient dieser Versuch mit zwei unterschiedlichen Singprozessen?	Sänger müssen oft Partituren erarbeiten, indem sie sie still studieren. Die Frage gilt: Sind es die gleichen Hirnbereiche, die arbeiten, auch wenn man nur in der Vorstellung singt?
Warum sollen die Sänger die Arie: ‚Caro mio ben' singen?	*Boris Kleber* hat sich die Wahl mit seinen Kollegen genau überlegt und nach einem kurzen Stück gesucht, das die meisten Sänger bereits gut kennen und das alle singen können, egal, ob sie als Bass, Bariton, Tenor, Alt, Mezzosopran oder Sopran auf der Bühne stehen. Außerdem muss der Sänger all seine Gefühle in diese Arie von Tommaso Giordani legen, um ihr einen glaubwürdigen Ausdruck zu verleihen: Hier fleht eine Frau darum, dass der Geliebte ihre Sehnsucht nach ihm ernst nimmt. Dabei müssen zwei Mal die gleichen Ausrufe variiert werden: ‚Mein Geliebter, glaube mir doch (wenigstens)!', dazu kommt die Aussage: ‚Ohne dich verzehrt sich das Herz (vor Sehnsucht)!'
Wie kann ein Forscher dem Gehirn bei der Arbeit des Singens zuschauen?	Dazu muss sich der Sänger in einen Scanner legen und dort singen. Auch diese ‚Arbeitsbedingung' hat dazu geführt, ein kurzes, leicht zu singendes Stück aus einer Arie auszuwählen.
Wie arbeitet ein solcher Scanner?	Er umgibt den ganzen Körper wie eine harte Plastikschale. An der zu untersuchenden Körperregion werden spezielle Magnetfelder erzeugt, die den Blutfluss im Gehirn messen können. Dorthin, wo mehr Aktivität ist, fließt mit dem Blut auch mehr Sauerstoff und Glucose. Diese Unterschiede können dann sichtbar gemacht werden. So kann man dann in einer Aufzeichnung mit vielen Einzelbildern zeigen, was im Gehirn beim Singen passiert. Die zusammenfassende Frage lautet nun: In welchen Bereichen des Gehirns zeigen sich Veränderungen im Vergleich von Schweigen, lautem Singen und unhörbarem, nur vorgestelltem Singen?

Alle 3 Sekunden wird nun ein Bild vom Gehirn gemacht, gefolgt von 7 Sekunden Pause. In diesen Pausen wird gesungen. Sowohl beim lauten, als auch beim nur vorgestellten Singen erhält der Sänger über einen Bildschirm die Anweisungen: Schweigen – Einatmen – Singen – Schweigen – Aufnahme – Schweigen – Einatmen – Nichtsingen – Aufnahme.

Und das Ergebnis des Experiments?

Vereinfacht gesagt: Selbst beim nur vorgestellten Singen werden ähnliche Gebiete im Gehirn tätig wie beim lauten Singen. Das sind z.B. die Teile, die für die Stimmproduktion mit bis zu 100 Muskeln sorgen. Auch die Gefühle, die eine Arie auslöst und die der Sänger weitergeben soll, können sowohl beim innerlichen als auch beim lauten Singen abgerufen werden.
Man kann also auch still das Singen üben!
Aber Achtung! Wenn auch gedankliches Singen motorische Areale anspricht, sollte man bei einer Kehlkopfentzündung auch nicht in der Vorstellung singen oder Gesang hören. Denn damit schont man keinesfalls die Stimme, sondern man beansprucht sie. Das stumme Üben ist zudem für einen Bereich anstrengend: Für das Gedächtnis, das vor allem in der Stirn und dem Schläfenlappen sitzt und sich an die Arie erinnern muss.

Hört das ‚innere' Ohr beim lautlosen Singen zu?

Ja, auch wenn man nur innerlich singt, hört das Ohr zu. Genauer: Das gilt vor allem für die sekundären auditorischen Areale.

Trainiert man das Gehirn nicht genauso gut beim Sprechen?

Nein, so wie die Sprechstimme kleiner ist als die Singstimme, so sind auch die arbeitenden Bereiche kleiner. Das liegt daran, dass das Singen sehr viel präziser im Körper gesteuert und kontrolliert wird. Obwohl die Abläufe selbst beim Singen und Sprechen vergleichbar sind, ist man beim Singen den Regeln der Musik unterworfen, d.h. man muss genaue Tonhöhen treffen, Töne länger halten und die Artikulatoren des Stimmapparates so formen, dass besondere Resonanzen entstehen.

Fazit: Das Singen, laut und leise, bietet ein sehr umfangreiches Trainingsprogramm für unser Gehirn in vielen unterschiedlichen Bereichen.

Noch eine Frage an den Spezialisten: Wie hilft Neurofeedback Sängern?

Beim Neurofeedback werden Elektroden am Schädel des Sängers angebracht. Die Elektroden messen die elektrische Aktivität des Gehirns, welche durch ein Computerprogramm in Bilder und Töne umgesetzt wird. Dafür werden zunächst Frequenzen aus dem EEG gefiltert, die mit einem Zustand der Entspannung assoziiert sind: Alpha-Wellen für die leichte Wachentspannung und Theta-Wellen für die Tiefenentspannung. Je mehr Neurone sich am gleichen Prozess beteiligen, desto stärker die Aktivität. So wird zunehmende Alpha-Aktivität mit einem lauter werdenden Bachplätschern und Theta-Aktivität mit Meeresrauschen assoziiert. Durch das unmittelbare akustische Feedback lernt der Musiker zunächst, den gewünschten Zustand herzustellen und damit die Arbeit seines Gehirns günstig zu beeinflussen. Natürlich soll niemand später auf der Bühne einschlafen, um weniger Lampenfieber zu haben, sondern vielmehr in einen Zustand des Flows kommen, bei dem unnötige Gedanken vermieden werden. Mit einiger Übung gelingt das auch.

Singorte

„Hier singt es sich fast wie von selbst!" urteilte die Sopranistin *Anna Prohaska* über den Großen Saal des Mozarteums.

Von Musikern besonders gerühmt wird auch die Akustik im Konzertsaal des Wiener Musikvereins, dem Goldenen Saal. Solche ‚Schuhschachteln', zu denen auch der Herkulessaal in München gehört, haben durchwegs eine bessere Akustik als die Rangtheater, die mit einem Weinberg verglichen werden.

Der Experte für Bühnenbauten *Günter Nahr* erklärt sich die fantastische Akustik auch damit, dass in diesen ‚Schuhschachtelsälen' die dekorativen Elemente optimale Schalldiffusionen schaffen: Die Statuen gliedern den Raum besonders günstig.

Das ist ein Glücksfall, begründet auf viel Erfahrung, denn zur Entstehungszeit des Saales gab es noch keine Messmethoden wie heute.

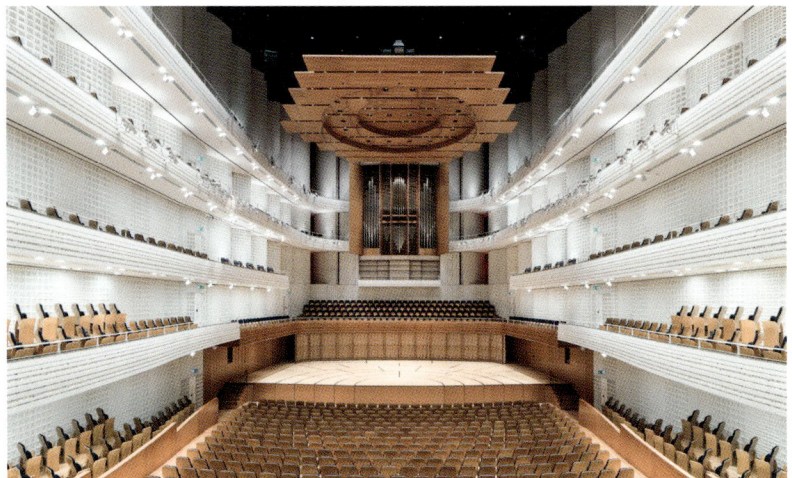

Hervorragende Akustik: Der Konzertsaal des KKL Luzern

Wie plant man einen Raum zum Hören?	Ein Blick auf die Baupläne von Akustikern und Bühnenbauern, die an neuen Opernhäusern und Konzertsälen arbeiten, lassen erahnen, wie komplex dieses Thema ist! Umfangreiche Computerprogramme helfen bei der Berechnung, aber sie ersetzen nicht die Erprobung am Modell oder vor Ort. Für große Bauvorhaben, so erzählt *Günter Nahr*, baut das weltweit renommierte Akustik-Unternehmen Müller MBB in Planegg bei München sogar ein Modell des Gebäudes im Maßstab 1:10.
Was heißt das genau?	Das Athener Opernhaus beispielsweise hat eine Höhe von 30 Meter. Also muss das Modell 3m hoch sein, ungefähr so hoch, wie die durchschnittlichen Zimmer in unseren Wohnhäusern. Diese Modelle erhalten sogar die Bestuhlung in Kleinformat. Die Sitze sind schon mit dem ausgewählten Stoff bezogen. Denn bei Stoffen gibt es große Unterschiede: solche, die mehr oder solche, die weniger Schall ‚schlucken' und damit den Raumklang beeinflussen. Auf den Stühlen sitzen Puppen. Sie sind bekleidet und tragen Perücken oder Kapuzen. Um die Schallereignisse für den Akustiker so genau wie möglich zu simulieren, geschieht noch mehr: Die Flächen im Modell, die den Schall zurückwerfen, bekommen eine Spiegeloberfläche. Laserstrahlen treffen im Versuch darauf. Sie machen dann sichtbar, wie die Töne sich im Raum bewegen, denn für Licht und Schallwellen gelten ähnliche Gesetze: Der Einfallswinkel ist gleich dem Ausfallswinkel. In welchen Winkeln der Schall seinen Weg durch den Raum nimmt, wird so auf der verspiegelten Fläche ablesbar. Auch während der

Eröffnungskonzert des Lucerne Festivals 2010, Ludwig van Beethoven: ‚Fidelio'

	Bauzeit muss die Akustik immer wieder vor Ort überprüft und bei Bedarf nachgebessert werden.
Wie sieht ein Konzertsaal mit hervorragender Akustik heute aus?	Allseits hoch gelobt wird die Akustik des Kultur- und Kongresszentrums in Luzern. Verantwortlich dafür war der New Yorker Akustiker *Russell Johnson*: „Der Saal in Luzern ist ein Nachkömmling von 40 bis 50 Vorgängern, die ich seit 1956 gebaut habe. Hier sind fast alle Errungenschaften meiner Arbeit zusammengefasst." Ziel war es, eine Akustik zu schaffen, die das gesamte musikalische Repertoire vom Mittelalter bis zur Moderne optimal zum Klingen bringt.
Welches sind die Ausmaße des Konzertsaals?	Eine optimale Akustik wird bei einem Konzertsaal in der Form einer Schuhschachtel durch das Verhältnis von Raumhöhe, Breite und Länge von 1 : 1 : 2 erreicht. In Luzern misst der Konzertsaal genau 22 Meter x 22 Meter x 46 Meter. Das Volumen von 19.000 Kubikmetern

Eröffnungskonzert des Lucerne Festivals 2010, Ludwig van Beethoven: ‚Fidelio'

Wozu dient die eingebaute Echokammer?

verschafft dem Klang genug Raum und sorgt für einen weichen Nachhall.

Die Echokammer ist in Luzern ein großer, zusammenhängender Hohlraum, der den Konzertsaal in den oberen drei Rängen umschließt. Sie befindet sich hinter den Sitzplätzen und reicht über drei Stockwerke. Mit den Echokammern lässt sich das Raumvolumen des Saales um ein Drittel, d.h. um 6000 m³ vergrößern. 50 Betontüren lassen sich dazu elektronisch mehr oder weniger öffnen, um so den Klang zu variieren. Bis auf 3 Sekunden kann damit die Nachhallzeit verlängert werden. Will man sie verkürzen und einen sogenannten trockenen Klang erreichen, decken Vorhänge die Reflexionsflächen ab. Alle elektronischen Einstellungen werden gespeichert. Ein Dirigent kann daher sagen, er wolle die gleiche oder eine veränderte Einstellung wie im letzten Jahr. Dann rufen die Techniker des KKL die Daten wieder ab und passen die Akustik den Wünschen an.

Drehbare Betontüren & Gipsreliefs erlauben individuelle Einstellungen

Wie funktioniert der Schallreflektor über der Bühne?

Der zweigeteilte Schallreflektor, der sogenannte akustische Canopy, ist in der Höhe verstellbar. Durch ihn hören sich Musiker untereinander ohne Klangverzögerung und der Schall wird rascher in den Saal gelenkt. Bei Kammermusik-Konzerten oder einem nicht voll besetzten Saal wird der Canopy tiefer eingestellt, um einen intimeren Raum zu schaffen. Bei extrem großen Orchestern und für die Orgel kann er umgekehrt direkt unter die Saaldecke hochgefahren werden.

Wie wird ein gleichmäßiger Räumlichkeitseindruck erzielt?

Ein großer Teil der Schallenergie wirkt auf die Wände. Wenn der Raumschall als Nachhall an alle Plätze gleich zurückgeworfen wird, verursacht er einen hervorragenden Räumlichkeitseindruck.
Das ist einer der wichtigsten subjektiven Aspekte der akustischen Qualität.

Welche akustischen Elemente unterstützen die Schallreflexion?

In Luzern sind es rund 24.000 quadratische Gips-Reliefs mit einer Kantenlänge von 20 cm. Die strukturierten Gipsoberflächen brechen die Schallreflexion auf, multiplizieren sie und verteilen sie in alle Richtungen.

Wie schließt man Störgeräusche aus?

Schalldichte, schwere Türen schließen den Konzertsaal nach außen ab. Der Geräuschpegel im Konzertsaal selbst durch Lüftung und Lichtinstallation ist so gesteuert, dass er bei 18 Dezibel liegt, d.h. er ist für das menschliche Ohr nicht hörbar.

Sind Opernhäuser ideale Singorte?

„Nicht unbedingt", stellt *Karsten Matterne*, Technischer Direktor der Bayerischen Staatsoper, fest, „denn von ihrer Entstehung her sind sie Orte, wo man sich bei Spiel und gutem Essen traf, dank der Ränge andere sah, selbst gesehen wurde und sich amüsierte. Die Musik und das Bühnengeschehen spielte eher eine untergeordnete Rolle bis ins 19. Jahrhundert hinein."

Welche besonderen akustischen Bedingungen bietet die Bayerische Staatsoper?

„Die Staatsoper ist vom Raumvolumen her sehr groß, sie ist nach der Opéra Bastille in Paris das zweitgrößte Operngebäude in Europa. Um den Zuschauerraum mit der Stimme füllen zu können, muss jeder Sänger und jede Sängerin, die hier auftreten, eine besonders kraftvolle Stimme haben. Daher findet auch ein Vorsingen nie in einem Probenraum, sondern auf der Bühne selbst statt, damit man die Tragkraft der Stimme erfahren kann."

Werden Stimmen mit Mikrophonen verstärkt?

„Nein. Es gibt aber zeitgenössische Stücke wie die Oper ‚South Pole', in denen der Komponist Flüstern vorgese-

Ein typisches Rangtheater, in dem die Musik ursprünglich eine untergeordnete Rolle spielte. Blick in den Zuschauerraum der Bayerischen Staatsoper in München

hen hat. In der Partitur steht ausdrücklich, dass dafür die Verstärkung über Headsets erfolgen soll. Der Wechsel zwischen Flüster- und Singstimme ist eine Herausforderung für die Technik:
Gesprochene Sprache hat eine viel kürzere Nachhallzeit als die gesungene Sprache, d.h. es kann sich beim Flüstern leicht ein unangenehmes Echo einschleichen. Dieses Echo muss man künstlich unterdrücken."

Berücksichtigen Bühnenbilder die Akustik?

„Ja. Jedes Modell für eine Neuinszenierung wird unter akustischen Gesichtspunkten besprochen. Dabei geht es nicht nur um den Baukörper selbst, sondern auch um die zu verwendenden Materialien."

Wie wirken welche Materialien?

„Alle Materialien, die weich und luftdurchlässig sind, absorbieren, d.h. schlucken den Schall. Alle Materialien, die hart und luftundurchlässig sind, d.h. schallhart, werfen den Schall zurück. Der Schall reflektiert ähnlich wie Licht, d.h. Einfallswinkel ist gleich Ausfallswinkel.

Ein sängerfreundliches Bühnenbild? Szene aus Miroslav Srnka: ‚South Pole‘, Inszenierung von Klaus Neuenfels, Bayerische Staatsoper, München 2016

In der Regel gilt: Bühnenbilder, die überwiegend aus schallharten Materialien hergestellt werden, haben eine bessere Akustik."

Wie ist das Bühnenbild zu ‚South Pole' gebaut?

„Das Bühnenbild ist aus weiß gestrichenen Sperrholzwänden gezimmert, also aus Materialien, die den Schall reflektieren. Der gebaute ‚Trichter' in der Rückwand hat keine besondere akustische Auswirkung."

Wie funktionieren die ‚Lichtzelte' aus Stoff von *Jürgen Rose*?

„Die sogenannten ‚Lichtzelte' von *Jürgen Rose* sind meistens aus Shirting, einem weiß gebleichten Baumwollnessel. Dahinter gibt es zusätzlich bei einigen Bühnenbildern mit Abstand zum Shirting parallel gespannten Baumwolltüll. Diese Zelte werden mit indirektem Licht beleuchtet. Es wird über weiß gemalte Nesselhänger bzw. weiß gestrichene Sperrholzwände reflektiert. Damit gibt es auch hier schallharte Elemente."

Wie trägt ein Bühnenbild unterschiedlichen Lautstärken Rechnung?

Es gibt Opern, in denen große Chorauftritte mit leisen Tönen eines Solos oder eines Duetts wechseln.
Bei ‚Don Carlo' etwa ist die Bühne selbst fast leer, wenn die Massen zur Ketzerverbrennung drängen. Sprechen Don Carlo und Elisabetta nur miteinander, verengt sich das Bühnenbild zu einem intimen Raum mit hohen schallharten Seiten- und Rückwänden.

Wird während der Proben das Bühnenbild noch verändert?

„Ja, bis zuletzt. Die Erfahrung in der Praxis ist sehr wichtig, alle Berechnungen können die Erprobung vor Ort nicht ersetzen. Dabei spielen auch die Sänger selbst eine wichtige Rolle, indem sie mitteilen, wie sie mit dem Raum zurechtkommen. Bei den Orchesterproben ist dann vor allem der Dirigent gefragt. Er stimmt die Lautstärke von Orchester und Sänger aufeinander und auf den Raum ab. Oft verändert er dabei noch einmal die Position der Sänger."
In der Oper arbeiten 1.000 Personen an den verschiedensten Aufgaben. Damit sie gelingt, muss alles ineinanderspielen. „Oper", so sagt *Karsten Matterne*, „ist ein Abenteuer, ein ewig andauerndes Experiment mit ungewissem Ausgang. Das macht die Arbeit auch so spannend", fügt er hinzu.

**Jürgen Rose auf der Hinterbühne des Nationaltheaters beim Aufbau des Prozessionszuges
für Giuseppe Verdi: ‚Don Carlo', Bayerische Staatsoper, München 2013**

Wer, wie, was, wo, wann?
Das Archiv der Salzburger Festspiele

Wer etwas über eine der vielen Festspielproduktionen erfahren möchte, die es seit 1920 in Salzburg gegeben hat und weiterhin gibt, der wird am Herbert-von-Karajan-Platz 1 reiches Material finden. Dort trifft er auch auf die Archivleiterin, *Franziska-Maria Lettowsky*, die zu jeder Jahreszahl, zu jedem Theater- oder Operntitel, zu allen Schauspielern oder Opernsängern sofort nicht nur etwas zu erzählen weiß, sondern auch in Windeseile in den Tausenden von Dokumenten fündig wird.

**Zwei Beispiele aus dem Archiv für W.A. Mozarts ‚Don Giovanni':
Alfred Jerger, Salzburg 1922**

Welche Dokumente bewahrt das Archiv auf?	Vielfältige Materialien aus fast hundert Jahren Festspielgeschichte sind hier zu finden: Vom allerersten schlichten Programmzettel des ‚Jedermann' von 1920 bis zu den heutigen umfangreichen Programmheften, zu Plakaten, Kostüm- und Bühnenbildentwürfen. Hinzu kommen Produktionsfotos, Notenmaterial und Regiebücher sowie gesammelte Kritiken. Alles steht hier jedem für Nachforschungen zur Verfügung. Darüber hinaus verfügt das Archiv über Korrespondenzen und Nachlässe wie die von Oscar Fritz Schuh oder die Bestände aus der ehemaligen Max-Reinhardt-Gedenkstätte.

Ildebrando d'Arcangelo, Salzburg 2014

Wie haben sich die Bildwelten der Oper seit rund 100 Jahren verändert?

Die erste Oper, die in Salzburg zur Festspielzeit inszeniert wurde, war Mozarts ‚Don Giovanni'. Ein Foto von der Kostümierung der Hauptfigur ist erhalten. Wie sich die Ästhetik der Kostüm- oder Bühnenentwürfe in den vergangenen Jahrzehnten geändert hat, lässt sich im Archiv bis ins Detail studieren.

Vergleiche lohnen sich auch bei den Plakaten. Die rein graphischen Entwürfe des Beginns haben mehr und mehr Großfotos Platz gemacht.

Wie bei den Kostümentwürfen hat die Welt des Kinofilms und des Comics auch hier Eingang gefunden.

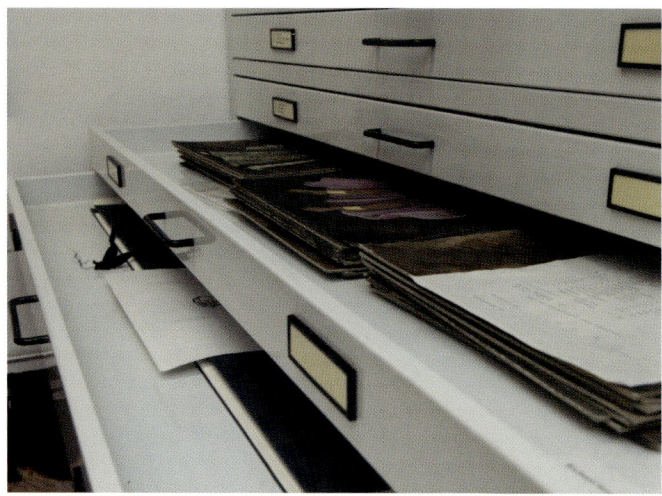

Originale von Kostüm- und Bühnenbildentwürfen aus rund 100 Jahren Festspielgeschichte

Wie wird man Leiterin eines Archivs?

Franziska-Maria Lettowsky hat Musik- und Kommunikationswissenschaften studiert und zunächst im Archiv des ORF in Salzburg gearbeitet. Dort galt es, Material für wissenschaftliche Sendungen herauszusuchen oder die Einführungen zu Konzert- und Opernübertragungen zu verfassen. Die Aufnahmeleitungen bei Liveaufnahmen hat sie besonders geschätzt. Dieser direkte Bezug zum Musikleben ist im Archiv der Salzburger Festspiele durch den Besuch der Generalproben und Aufführungen der Oster-, Pfingst- und Sommerfestspiele gegeben. Auch ist das eigene Singen für *Franziska-Maria Lettowsky* von Wichtigkeit: Als hoher Sopran tritt sie solistisch in Konzerten auf oder reiht sich auch noch manchmal als Mitglied im Chor ein. Sie nimmt stetig Gesangsunterricht bei *Barbara Bonney*. „Ein Glücksfall", sagt sie selbst. Vielseitigkeit ist also eine besondere Qualität, die für die Arbeit in diesem Archiv mitgebracht werden muss, um all den unterschiedlichen Anfragen gerecht werden zu können.

Sind die Skizzen der Bühnen- und Kostümbildner Originale?

Was die Bühnenbild- und Kostümentwürfe betrifft, so kann *Franziska-Maria Lettowsky* gemeinsam mit ihrer Mitarbeiterin *Victoria Morino* wahre Schätze aus den Schubladen holen und auf dem langen Arbeitstisch ausbreiten: Denn dies alles sind Originale. Da finden sich detailgetreue Bleistiftskizzen neben Tuschzeichnungen

Handkolorierte Figurinen und Stoffmuster

213

**Kostüm- und Bühnenbildentwürfe von Achim Freyer zu W.A. Mozart:
‚Die Zauberflöte', Salzburg 1997**

**Schlussbild aus W.A. Mozart: ‚Die Zauberflöte',
Salzburg 1997**

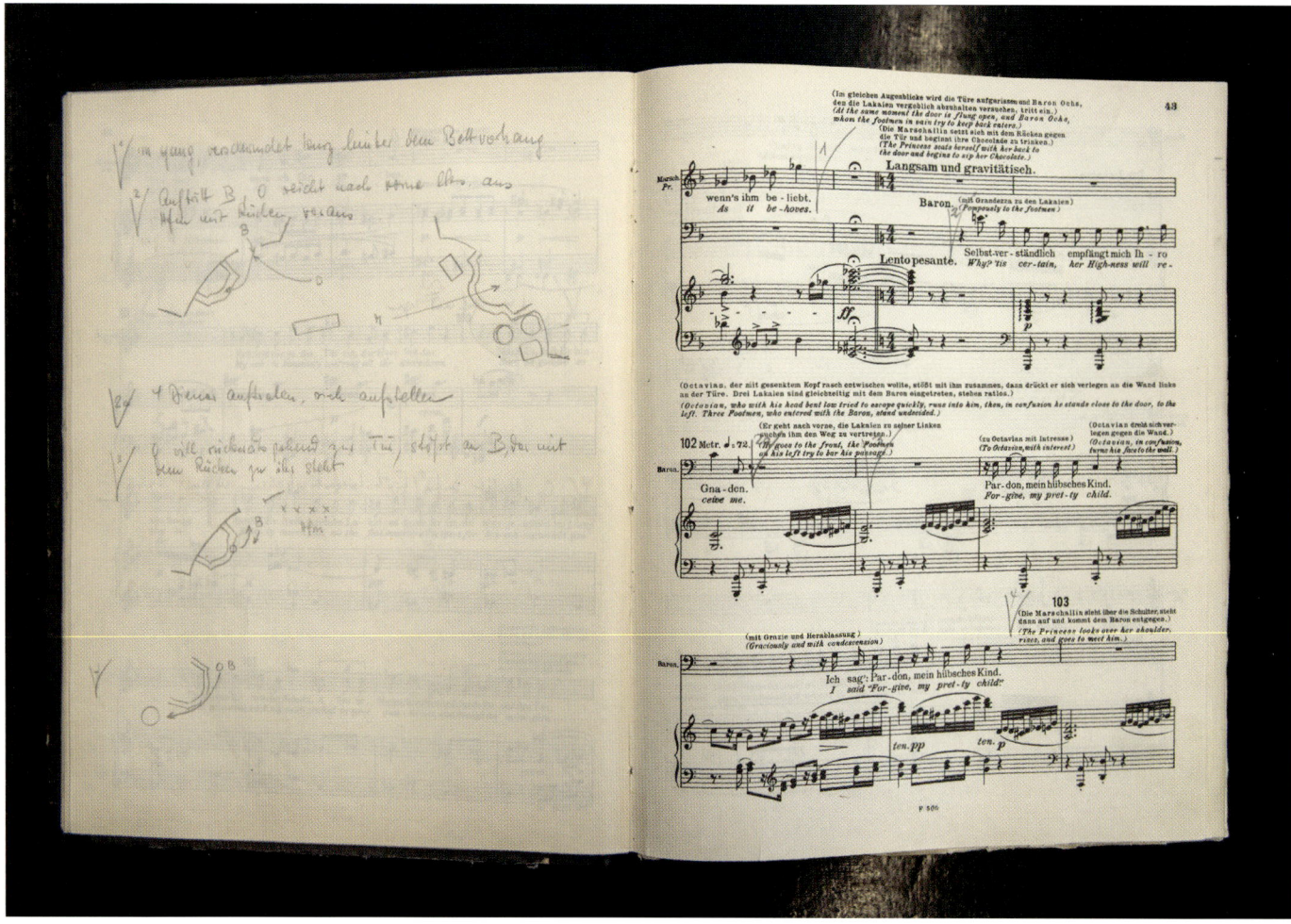

Regiebuch mit Notizen, Archiv der Salzburger Festspiele

oder Aquarellen, oft mit Stoffmustern versehen. Bestechend sind etwa die farbigen Entwürfe von *Karel Appel* in Pastellkreide von Bühne und Figurinen zu Mozarts ‚Zauberflöte', die 2016 in die New Public Library for the Performing Arts nach New York ausgeliehen wurden. Auch vollständige Bühnenmodellbauten können aus speziellen Lagerräumen hervorgeholt werden.

Wie sehen Regiebücher aus?

Einen Einblick in die Arbeit von Dirigenten und Regisseuren ermöglichen die gesammelten Regiebücher und Klavierauszüge mit ‚durchschossenen' Seiten, d.h. eine Leerseite steht zwischen zwei Notenseiten. Viele handschriftliche Einträge, auch Skizzen, finden sich auf diesen

Blättern, die die Lektüre besonders spannend machen. Will man mehr über den künstlerischen Prozess erfahren, der dann in eine Theater- oder Opernfassung mündete, so können Korrespondenzen etwa zwischen Intendanten und Dirigenten oder Regisseuren seit 1947 hier am Karajan-Platz eingesehen werden. Ältere Briefwechsel bewahrt das Salzburger Landesarchiv auf.

Welche Fotos bewahrt das Archiv auf? Wie werden sie gespeichert?

Zu jeder Festspielproduktion wird ein Fotograf speziell mit der Dokumentation beauftragt. Vertragsgemäß liefert er anschließend seine Aufnahmen im Archiv ab. Auch freie Fotografen bieten zusätzlich Fotos an, die bei der vor der Generalprobe angesetzten Hauptprobe entstehen. Diese Fotoproben, bei denen oft sehr viele Fotografen anwesend sind, bieten die Möglichkeit, das dort entstandene Fotomaterial für die Vorberichte und Besprechungen den großen internationalen Zeitungen zu liefern. Diese Zeitungsartikel werden, wie gesagt, auch im Archiv bewahrt. Seit 2002 werden alle Produktionsfotos auf der Seite des Archivs ins Netz gestellt. Sucht man darüber hinaus Bilder der Fotografen, so liegen im Archiv Positive und Negative aus nahezu 100 Jahren. Auch auf CD/DVD und Festplatte sind die Bilddokumente gespeichert und damit – so gut es geht – vor dem Verschwinden geschützt.

Wer besucht das Archiv?

Viele unterschiedliche Besucher wenden sich an das Archiv: Von Wissenschaftlern aus aller Welt, die hier Dokumente einsehen können, über Schüler, Studenten, Dozenten, Autoren, Journalisten aus Presse, Funk und Fernsehen, bis hin zu Künstlern wie Regisseure und Sänger, Kostüm- und Bühnenbildner oder Architekten. Jeder Festspielgast und Interessent ist willkommen, im Archiv nach den vergangenen Aufführungen zu suchen. Auch Museen fragen hier Exponate an, etwa für eine Retrospektive zur Arbeit des Bühnen- und Kostümbildners *Jürgen Rose* im Theatermuseum in München. *Franziska-Maria Lettowsky* schätzt besonders auch den Kontakt zu den Künstlern, die vor längerer Zeit in Salzburg aufgetreten sind und nach Programmheften, Fotos oder Kritiken forschen. Viele von ihnen suchen das Gespräch mit ihr und gewähren oftmals interessante Einblicke in ihren reichen Erfahrungsschatz.

Gesang hilft!

In einem Projekt, das vom British Council of Arts gefördert wird, besuchen Opernsänger Menschen in körperlichen oder seelischen Notsituationen. Über das Internet kann diese Hilfe angefordert werden. Der Initiator dieses Projekts ist selbst ein begeisterter Opernbesucher, der die Erfahrung gemacht hat, dass jede Aufführung eine starke emotionale, klärende Wirkung hat. Sie entlässt die Zuhörer oft mit einem neuen Blick in den Alltag.

Noch viel größere ‚Zaubermacht' besitzt die antike Figur des Orpheus: Mit seinem Gesang besiegt er den Tod, personifiziert durch das Götterpaar Hades und Persephone.

Rudolf Herfurtner fasst den Mythos zusammen:

„Orpheus, so erzählen es die meisten, war der Sohn von Apoll. Seine Mutter war die Muse Kalliope. So wäre Orpheus ein wahrer Musaios, ein Musensohn. Sein Vater: der Gott der Schönheit und Musik und seine Mutter: die schönstimmige Muse Kalliope. Kein Wunder, dass der Sohn der berühmteste Sänger der ganzen Musikgeschichte wurde.

Orpheus und Eurydike

Nachdem er bei Vater und Mutter alles gelernt hatte, was er brauchte, lief Orpheus hinaus in die Felder und Wälder und probierte seine Kunst aus. Es dauerte nicht lang, und die Vögel sammelten sich im Schwärmen über seinem Kopf und die wilden Tiere wurden zahm und lagen neben Reh und Hase und vergaßen ihre mörderische Art, wenn Orpheus seine Lieder sang. Sogar die Fische steckten ihre Köpfe aus dem Wasser, wenn Orpheus übers Meer fuhr. Vielleicht ist die Orpheus-Figur ja deshalb immer noch so beliebt, weil da einer mit seiner Musik jenes friedliche Paradies wieder erschaffen kann, das wir verloren haben, nach dem wir uns aber alle irgendwie sehnen.
Einmal sollen sich sogar die Bäume auf den Weg gemacht haben, um Orpheus zu hören. Nun waren im alten Griechenland Bäume nicht einfach Bäume. In jeder Pflanze steckte auch der Geist der Pflanze. Die Baumgeister hießen Dryaden.
Eine solche Dryade war Eurydike. Sie hörte eines Tages einen Jungen singen, und da konnte sie nicht anders, sie schlüpfte aus ihrem Baum und wurde ein wunderschönes Mädchen. Sie rannte über die Felder, bis sie ihn endlich sehen konnte. Und weil er genauso schön war wie seine Musik, verliebte sie sich sofort in ihn. Und als er sie sah, erging es ihm ebenso. Sie feierten ein wunderschönes Hochzeitsfest mit allen Freunden, und alles hätte gut sein können. Aber da trat Eurydike auf eine Schlange. Sie wurde gebissen und starb an ihrem Hochzeitstag.
Orpheus, eben noch das glücklichste Wesen auf Erden, war nun der traurigste. Ohne seine Liebste wollte er auch nicht mehr leben. Nicht mehr leben, das hieß im alten Griechenland, man stieg hinab in das Totenreich, den Tartaros. Von dort gab es keine Wiederkehr, normalerweise, aber Orpheus hatte ja seine Musik. Vielleicht konnte er ja damit sogar Hades, den gnadenlosen Gott der Unterwelt, erweichen?
Und so wanderte er bis zur südlichsten Spitze des Peloponnes, zum Städtchen Tainaron und betrat die Höhle, die in das Totenreich führt.
Als Erstes musste er den finsteren Fluss Styx überqueren. Der Fährmann Charon ließ eigentlich keinen Lebenden hinüber, aber Orpheus sang einfach so lang, bis Charon einschlief.
Dann tauchte der Höllenhund Kerberos auf. Drei Köpfe soll der gehabt haben oder sogar fünfzig und alles verschlang der, was in seine Nähe kam. Aber Orpheus' Musik machte ihn zahm. Genau wie die Erinnyen, die furchtbaren Rachegöttinnen, die hier überall herumschwirrten.
Und so stand Orpheus schließlich vor Hades und seiner Frau Persephone, die auch so angerührt waren, dass sie Eurydike begnadigten und mit ihrem Gemahl ziehen ließen. Es gab nur eine Bedingung: Orpheus durfte nicht mit ihr reden und sie nicht anschauen, bis sie wieder auf der Erde waren.
Das aber war zu schwer für den Helden. Zu sehr liebte er sie. Er konnte nicht warten und verlor die Geliebte nun endgültig.

**Franz von Stuck: Orpheus, 1891,
Museum Villa Stuck**

Und wie ging die alte griechische Erzählung weiter?

Zurück auf der Erde war Orpheus natürlich sehr traurig. Lange aß und trank er nichts. Er zog sich zurück in die Wälder und wollte niemanden mehr sehen. Vor allem keine Frauen.

Das aber ärgerte die Frauen Thrakiens. Sie feierten oft wilde Feste, wo sie zu Ehren des Gottes Bacchus viel Wein tranken. Und dann wussten sie oft nicht mehr, was sie taten. So im Rausch entdeckten sie eines Tages den traurigen Sänger, und weil er nichts mit ihnen zu tun haben wollte, zerrissen sie ihn schließlich in Stücke. Seinen Kopf und seine Leier warfen sie in den Fluss Hebros, und er schwamm – immer noch singend – bis zur Insel Lesbos, wo man ihn schließlich begraben hat.

Über seinem Grab – so heißt es – niste seitdem immer eine Nachtigall. Und die Seele des Orpheus stieg natürlich hinab in den Hades, wo sie am Ende doch mit der Seele der Eurydike vereinigt wurde."
So endet die berühmte Geschichte.

Bei der ersten Vertonung durch Claudio Monteverdi von 1607 kommt jedoch Apoll und versetzt Orpheus und Eurydike als Sternbilder an den Himmel. So können sie immer zusammen sein.

Franz von Stuck hat den Anfang der Orpheus-Erzählung auf die Wand seines Musiksalons gemalt, den er für die Konzerte seiner Frau eigens entworfen und selbst gestaltet hat. Das Deckengemälde mit dem Motiv des Sternenzelts erinnert an das tröstliche Ende, das Monteverdi für seine Oper, eine der ersten Opern überhaupt, gefunden hat.

Die Zauberkraft der Stimme hat nach diesem alten Mythos Mensch und Tier, selbst die Götter fasziniert und friedlich gestimmt.

Bildnachweis

Roland Frick: S. 113

Oliver Helbig: S. 126, 130

Wilfried Hösl: Titelseite: Anja Harteros (Arabella), Dean Power (Graf Elemer) in Richard Strauss: ‚Arabella', Bayerische Staatsoper München 2015, Umschlagrückseite: Jonas Kaufmann (Cavaradossi) in Giacomo Puccini: ‚Tosca', Bayerische Staatsoper München 2013, S. 6/7 W.A. Mozart: ‚La Clemenza di Tito', Bayerische Staatsoper München 2015, S. 8 Angela Brower (Musica/Speranza) in Claudio Monteverdi: ‚L'Orfeo', Münchner Opernfestspiele 2014, S. 9 Diana Damrau (Giulietta) in Jacques Offenbach: ‚Les Contes d'Hoffmann', Bayerische Staatsoper München 2011, S. 11 Danielle de Niese (Calisto) in Francesco Cavalli: ‚La Calisto', Bayerische Staatsoper München 2014, S. 14 Christian Gerhaher (Orfeo) in Claudio Monteverdi: ‚L'Orfeo', Münchner Opernfestspiele 2014, S. 15 René Pape (Mefistofele) und Kristine Opolais (Margherita) in Arrigo Boito: ‚Mefistofele', Bayerische Staatsoper München 2016, S. 27, 31, 35-39, 67, 74-76, 78, 85, 88, 97, 99, 101/102, 106, 152/153, 156/157, 159-165, 167-169, 171, 189, 201, 203, 204/205, 207

Tjark Lienke: S. 212-214, 216

Georg Anderhub / Lucerne Festival und KKL Luzern: S. 198-201

Caroline Roos von Rosen: S. 137, 149/150, 212-216

Salzburger Festspiele, Archiv: S. 210
Salzburger Festspiele, Clärchen Baus-Mattar & Matthias Baus: S. 134/135
Salzburger Festspiele, Hans Jörg Michel: S. 138/139
Salzburger Festspiele, Michael Pöhn: S. 211
Salzburger Festspiele, Monika Rittershaus: S. 68/69, 100, 141/142, 186/187, 215
Salzburger Festspiele, Ruth Walz: S. 128/129

Martin Sigmund: S. 23

Nikolaus Steglich: S. 221

Tage Alter Musik Regensburg, Hanno Meier: S. 53

Sabine Tuscany: S. 120

Lena Wunderlich: S. 10: Jonas Kaufmann bei einem Liederabend, Bayerische Staatsoper München 2011

Literaturhinweise

Aus der Liste der vielfältigen verwendeten Literatur greifen wir nur einige wenige Titel heraus, die mit ihren Literaturverzeichnissen sehr hilfreiche weiterführende Angaben zu speziellen Fragestellungen machen.

Jäncke, Lutz, Macht Musik schlau? Neue Erkenntnisse aus den Neurowissenschaften und der Kognitiven Psychologie. Mit einem Vorwort von Eckart Altenmüller. Bern, 2. Auflage 2008.

Kleber, Boris et al., Overt and imagined singing of an Italian aria. NeuroImage 36 (3), 889-900.

Kleber, Boris et al., The Brain of Opera Singers: Experience Dependent Changes in Functional Activation Cerebral Cortex doi: 10.1093/cercor/bhp177 2007.

Müller, Rudolf, Räume zum Hören. Arcus 6, Architektur und Wissenschaft. Köln 1989.

Spitzer, Manfred, Musik im Kopf. Hören, Musizieren, Verstehen und Erleben im neuronalen Netzwerk. Stuttgart, 9. Auflage 2009.

Danksagungen

Für die informativen und kunstvollen Fotos danken wir vor allem Wilfried Hösl.

Viele Anregungen und fachkundige Informationen verdanken wir Franziska-Maria Lettowsky, Leiterin des Festspielarchivs in Salzburg, und ihrem sehr engagierten Team mit Victoria Morino und Anna-Lena Mützel.

Wertvolle Einblicke in ihre Arbeit als Gesangslehrerin gab uns Ulla Groenewold aus Hamburg, als sie ihre Schülerin Wiebke Lehmkuhl zu Auftritten in Mozarts ‚Zauberflöte' bei den Salzburger Festspielen begleitete und dort Zeit fand für ein ausführliches Interview.

Der Internistin Dr.med. Eva Husemann danken wir für die medizinische Beratung.

Roswitha Grosser sorgte für interessante Einblicke in die Stimmentwicklung bei Neugeborenen.

Über Osteopathie, Shin Shiatsu und weitere Entspannungstechniken gaben Martha Feld und Annette Seraphim detaillierte Informationen.

Auch Michael Finkenzeller und Eva Niklasch danken wir für die intensive Beratung und die wertvollen Auskünfte über die Grundlagen und die Praxis der Atemtherapie.

Elfi Schweiger hat über viele Jahre die Türen in Salzburg, Bregenz und auch weltweit zu den großen Opern- und Theaterhäusern geöffnet und zahlreiche Begegnungen mit Intendanten, Dramaturgen, Künstlern und Mitarbeitern ermöglicht.

Der Kammeroper München, allen voran Vadim Mirovsky, danken wir für das große Entgegenkommen, die Proben zu den Opernaufführungen im Sommer in Schloss Nymphenburg begleiten zu dürfen.

Annette Baumann von der Pressestelle der Bayerischen Staatsoper gilt großer Dank für ihre umsichtige Vorbereitung und Begleitung der zahlreichen Interviews am Nationaltheater.

Viele Einblicke in den laufenden Opernbetrieb ermöglichte auch das Team des Campus-Programms zusammen mit den Produktionsdramaturgen der Bayerischen Staatsoper. Dank gilt hier besonders Ursula Gessat, Julia Kessler-Knopp und Nikola Ziegler.

Alexandra Joy Jaeckel, Christa Jaeckel von Rosen, Renate Kabermann, Julia Kaspar und Frauke Schipper erwiesen große Dienste bei der genauen Prüfung der Texte.

Für die intensive Begleitung des Projekts sagen wir der Musikerin Julieta Craciunescu besonderen Dank.

Kristina Dumas, Rundfunkjournalistin beim BR, RBB und DeutschlandRadio Kultur, danken wir sehr für die sachkundige Unterstützung und radiophone Dokumentation einer Vielzahl der dem Buch zugrunde liegenden Interviews. Hieran engagiert mitgearbeitet haben u.a. Andrei Craciunescu, Lena Kaspar und Nils Kraschienski.

Als Lektor hat Frank Berninger die Abschlussarbeiten in sehr dankenswerter Weise intensiv und äußerst hilfreich begleitet.

Wir danken der Stiftung Zuhören für die freundliche Unterstützung bei der Verbreitung des Projekts.

Impressum

Bibliografische Information der Deutschen Nationalbibliothek
Die Deutsche Nationalbibliothek verzeichnet diese Publikation in der
Deutschen Nationalbibliografie; detaillierte bibliografische Daten sind
im Internet über http://dnb.d-nb.de abrufbar.

© Verlag Königshausen & Neumann GmbH, Würzburg 2018
Gedruckt auf säurefreiem, alterungsbeständigem Papier

Layout und Illustrationen: Christopher Roos von Rosen
Umschlagabbildungen: Wilfried Hösl
Alle Rechte vorbehalten
Dieses Werk, einschließlich aller seiner Teile, ist urheberrechtlich geschützt.
Jede Verwertung außerhalb der engen Grenzen des Urheberrechtsgesetzes ist
ohne Zustimmung des Verlages unzulässig und strafbar. Das gilt insbesondere
für Vervielfältigungen, Übersetzungen, Mikroverfilmungen und die
Einspeicherung und Verarbeitung in elektronischen Systemen.
Printed in Germany

ISBN 978-3-8260-6407-4
www.koenigshausen-neumann.de
www.libri.de
www.buchhandel.de
www.buchkatalog.de